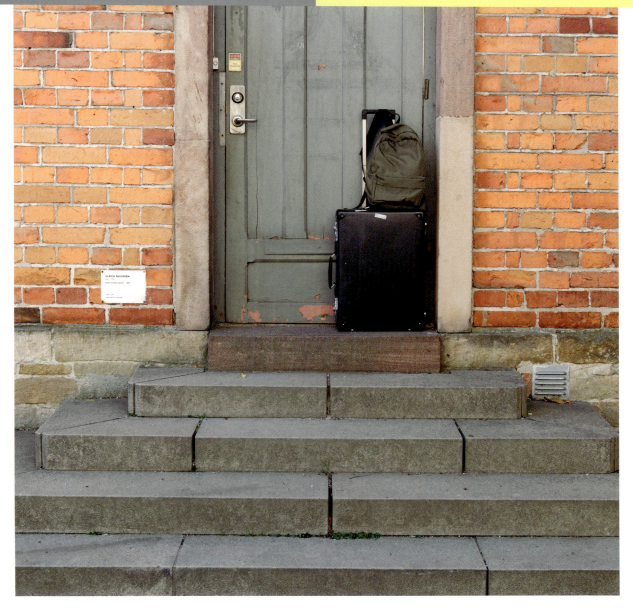

CHECK & STRIPE　北欧てづくり散歩

はじめに

海外を旅するようになり、初めて訪れた街がスウェーデンのストックホルムでした。着陸の前に飛行機が大きく旋回して、真下に海や島が見えたのを今でもはっきりと覚えています。6月のスウェーデンはいつまでも明るいのですが、いつのまにか眠りについていました。朝起きて外に出ると、花も草木もそして人々も、夏の光をたくさん浴びようと、のびのびと輝いていました。街を彩る水色のバスや青いトラム、道端にある黄色いポストに白いカモメ……。その後、ストックホルムを何度か訪れましたが、その旅で目にしたこれらの色がこの街のカラーとして印象づけられています。今回、そんな北欧の色をイメージして布を作り、簡単に縫えて、旅にも日常にも活躍する洋服や小物をデザインしました。

contents & index
大人の服と小物

1 小さな衿のワンピース
P11

2 後ろリボンのワンピース
P15

3 リュック
P16

4 テーパードイージーパンツ
P17

5 よそいきのシンプルコート
P19

6 お出かけワンピース
P21

7 リバティプリントのふろしき
P26

8 ビッグバニティ
P27

9 フラワーガーデンのワンピース
P29

10 ラップ風タックスカート
P33

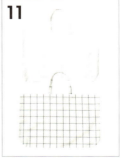
11 ビッグトート
P35,47

12 ミニバッグ
P37

13  ウエストフリルのスカート P39	**14**  フード付きコート P40	**15**  イージープルオーバー P41	**16**  シルクのスリップドレス P44

大人の服のアレンジ

★ 生地替え
arrange

	9*  フラワーガーデンのワンピース P48	**1*** arrange  小さな衿のブラウス P49	**13***  ウエストフリルのスカート P50
	15*  イージープルオーバー P51	**5***  よそいきのシンプルコート P52	**4*** arrange  テーパードイージーパンツ P53

子供の服と小物

17
テーパードイージーパンツ
P66

18
フード付きコート
P67

19
エプロンワンピース
P69

20
ウエストフリルの
スカート
P70

21
うさぎのリリ+スリーピングケース
P70

22
リリのぼうしとマント+キャミソールワンピース+ワンピース
P71

23
シューズバッグ
P71

24
ラグランのミニパフワンピース
P72

ストックホルム散策　P54

てづくりがいっぱい スウェーデンの手工芸品ショップガイド　P56

ストックホルムで見つけた2人のかわいいお土産　P58
・スタイリスト 伊藤まさこさん
・SPOONFUL店主 おさだゆかりさん

この本で使った布のこと　P60

ショップの紹介　P64

How to make 作り方　P73

旅の手帖にはいつもたくさんの予定を書いています。トラムに乗って公園に行ったり、市立図書館に手芸の本を探しに行ったり。時には、地図には載っていない小さな路地でかわいいお店を見つけることも。疲れたら友人に教えてもらったカフェで、焼きたてのシナモンロールをいただきながら一息。そして、今夜はスウェーデンで活躍している友人のバレエの公演。自分で仕立てたお気に入りのワンピースで出かけます。

お気に入りのてづくり服でさぁ街歩き！

1 小さな衿のワンピース ＋作り方 P.74
清楚な一枚。北欧の新緑に映えるレモン色で作りました。

ボタンを外したり、革ベルトでマークするとまた違った印象に。ボタンを全部外して、羽織ものとして着ても素敵です。

Stockholms Stadsbibliotek +INFORMATION P.55

2 後ろリボンのワンピース ＋作り方 P.80
小さなリボン、ふんわりした袖がかわいい、シンプルなワンピース。

とても着やすく、普段からお出かけまで大活躍。今日は黄色のミュールを合わせて、ストックホルムにある市立図書館へ。

3 リュック ＋作り方 P.82

軽いリュックは街歩きの必需品。旅の相棒に。色違いで作っても。

生地がやわらかく、小さく折りたたむことができるので、大きなバッグに忍ばせておくことも可能。旅先で荷物が増えても安心です。

4 テーパードイージーパンツ ＋作り方 P.77

すっきり見えて、着心地はゆったり。季節を問わず一年中楽しめます。

ウエストベルトをキュッと結べば、また別の着こなしも。作り方も面倒なボタンつけやファスナーつけがないうれしい一枚です。

5 よそいきのシンプルコート ＋作り方 P.84
上品なノーカラーコート。シンプルな分、上質な生地を使って。

Valand Kafé Konditori +INFORMATION P.55

6 お出かけワンピース ＋作り方 P.86

浅めのVネック、後ろ身頃のギャザーがポイント。白のリネンで。

街の素敵なカフェにはお気に入りのワンピースで。焼きたてのシナモンロールでフィーカを楽しみます。

何かを縫って完成した時はとてもうれしいもの。旅に使うものとあればその喜びもひとしおです。少しくらいの雨でも平気なフード付きコート、歩きやすいイージーパンツ、改まった席にも着られるワンピース。そして小物ももちろんてづくりで。気持ちが華やぐようなリバティプリントのふろしき、軽くて持ちやすく、たくさんの荷物が入るトートバッグ。どんなものを持っていこうかな？と考えるのも楽しい時間です。

旅の準備もてづくりで

7 リバティプリントのふろしき ＋作り方 P.99
旅行に何かと重宝するふろしき。リバティプリントで作りました。

ふろしきでさっとまとめれば荷物もすっきり。お気に入りのリバティプリントなら、トランクを開けるたびにうれしくなります。

8 ビッグバニティ ＋作り方 P92

化粧品をまるごと入れられる大きめサイズ。ペンシル類も縦に収納可能。

Rosendals Trädgård +INFORMATION P.55

ローゼンダールトレードゴードの花畑は、まるでリバティプリントの世界のよう。たくさんの花に囲まれてのひととき。

9 フラワーガーデンのワンピース ＋作り方 P.88
ウエストで切り替えたゆったりとしたシルエット。涼しい一着です。

Svensk Hemslöjd +INFORMATION P.57

10 ラップ風タックスカート ＋作り方 P.90
ランダムに入ったタックがおしゃれな巻きスカート。街歩きに。

11 ビッグトート ＋作り方 P.93
軽くて大きいから、たくさん入れても大丈夫。肩からかけても。

12 ミニバッグ ＋作り方 P.106

散歩の時に重宝する小さなバッグ。財布やハンカチなどを入れて。

フリルが見えるように、トップスはインで。ウエストゴムなので、旅先でもらくちん。丈や素材を変えて何枚も作りたくなります。

13 ウエストフリルのスカート ✛作り方 P.94
ウエストの小さなフリルが繊細なイメージを演出。作り方も簡単。

14 フード付きコート ✚作り方 P.96
旅の肌寒い日に、カジュアルにさっと着られる便利なコート。

15 イージープルオーバー ＋作り方 P.98
一見シンプルですが、女らしいラインを計算し尽くしたデザイン。

友人が連れていってくれたスウェーデン料理のレストランは海に面していました。北欧は冬が長く、その分、夏の光はとても貴重なので、人々は屋外の席を好むのだそう。かわいい色の船や、木で造られた飴色の船。そしてその向こうには遊園地。子供たちの歓声やカモメの声も聞こえてきます。店を出て、風に吹かれながら歩く何気ない海辺にもスウェーデンの魅力があちこちに溢れていました。

スウェーデンの魅力を肌で感じた初夏の旅

16 シルクのスリップドレス ✚作り方 P.100

直接肌に纏うスリップドレスは着心地のよいシルクを使って。

インナーのスリップドレスなら、ローズピンク色で縫ってもかわいい。好きな色で作れるのは手作りの醍醐味です。

11 ビッグトート ＋作り方 P.93
こちらは真っ白なリネンで。

使い込むほどにリネンの味わいが楽しめます。たくさん作ってプレゼントしても喜ばれそうです。

生地替えとアレンジ　スタイリスト伊藤まさこさんのコーディネートでお届け。ぜひヒントに！

9 * フラワーガーデンのワンピース × C&Sコットンパピエピンストライプ　＋作り方 P.88
ピンストライプコットンで作れば爽やかな夏のワンピースに。甘くなりすぎないよう小物は大人っぽく。

＋ P.29

1 ＊ arrange 　小さな衿のワンピース × C&S100そうコットンドット × ブラウス丈に ＋作り方 P.76
　　　　　　くすんだトーンのドットプリントなら、秋冬のコーディネートにも。ブラウスの丈はお好みで。

＋ P.11

13 * ウエストフリルのスカート × ギンガムチェックのフランネル ＋作り方 P.94

ギンガムチェックのスカートは永遠のアイテム。秋冬はコートからチラリと見えるのもかわいい。

＋ P.39

15 * イージープルオーバー × C&Sコットンパピエストライプ太 ✚ 作り方 P.98

太めのボーダーがかわいい一枚。フェミニンなかごバッグとヒール靴を合わせれば大人の夏スタイルが完成。

✚ P.41

5 * よそいきのシンプルコート × C＆Sコットン小さなプルメリア　＋作り方 P.84

やわらかい生地なので、カーディガン感覚で使えます。グレイッシュにまとめて品のよいお出かけスタイルに。

＋ P.19

4 ✱ **arrange** テーパードイージーパンツ × 力織機で織ったコットン × ハーフパンツに ✚作り方 P.79
ありそうでなかなかない、鮮やかなオレンジ色のハーフパンツ。グレーや白のアイテムですっきりと。

✚ P.17

ストックホルム散策

仕事仲間4人で北欧を旅したのは2016年の初夏のこと。それぞれ違う分野の仕事をしている友人たちとの旅で、ひとつのものを見てもそれぞれで様々な受け取り方があることを新鮮に感じました。今回のストックホルムのロケにスタッフとして参加してくれたスタイリストの伊藤まさこさんと北欧雑貨店「SPOONFUL」店主のおさだゆかりさんは、その時、一緒に旅をした2人。撮影の合間には、おすすめのカフェやショップ、週末にはフリーマーケットに連れていってもらいました。ここではそんなストックホルムの街の様子や、てづくり好きにはたまらない手工芸品のショップガイド、さらにモノ選びのプロでもある伊藤さんとおさださんのかわいい北欧土産をご紹介します。

ロケ地にもなった、ストックホルムを北側から一望できる高台。この日は青空が澄み渡り、最高の眺め。

"シェップスブロン"という木造りの橋に飾られた王室の王冠。国立美術館からシェップスホルメン島へ通じる橋は観光スポット。

土日だけ走っているカフェトラム。街の中心から王立公園を往復しています。中でお茶ができるユニークなトラムです。

ロケをした7月14日はヴィクトリア皇太子の40歳のお誕生日で、街にはミリタリー音楽隊のパレードも。

海辺に面したスウェーデン料理のレストラン"Oaxen"。店内はたくさんの光が差し込みいい雰囲気。

こちらは"Oaxen"(写真左)のエントランス。レストランに向けられた矢印、何気なく置かれたベンチもおしゃれ。

1950年代に創業した古いカフェ。昔のスタイルを今も引き継いでいます。写真の焼き菓子はすべて手作りで昔からある伝統菓子。

Valand Kafé Konditori
カフェヴァランド
Surbrunnsgatan 48, 113 48 Stockholm, Sweden
TEL 08・30・0476

スウェーデンを代表する建築家グンナール・アスプルンド設計による市立図書館。円形のホールの壁に沿って本が並んでいます。

Stockholms Stadsbibiotek
ストックホルム市立図書館
Sveavägen 73, 113 50 Stockholm, Sweden
TEL 08・5083・1100
https://bibliokeket.stockholm.se

国立公園にある広大な庭園。りんご園や果樹園、野菜畑や花畑があり、大自然が満喫できます。写真はそこで採れた果物のジャム。

Rosendals Trädgård
ローゼンダールトレードゴード
Stiftelsen Rosendals Trädgård
Rosendalsterrassen 12, 115 21 Stockholm, Sweden
TEL 08・5458・1270
http://www.rosendalstradgard.se/in-english/

てづくりがいっぱい スウェーデンの手工芸品ショップガイド

Skansenbutiken
野外博物館"Skansen"の中にあるミュージアムショップ。ハンドメイド雑貨が充実。

①

②

③

④

①木製のクリスマスオーナメント。
②オーナメントが入れられたかごは白樺の樹皮で作られたもの。
③スカンセンオリジナルの紅茶や茶こし。
④スウェーデンの代表的なお土産、ダーラナホースと木製のデコレーション。
⑤作家もののうさぎの陶器の置物。
⑥広い店内。博物館帰りはもちろん、ここだけ覗きに来ても楽しい。
⑦青い屋根と黄色い壁がかわいいミュージアムショップのエントランス。
⑧黄色のカバーの本はスウェーデンの風習や催事が書かれたもの。

⑤

⑥

⑦

⑧

Skansenbutiken
スカンセンブティーケン
Djurgårdsslätten 49-51, 115 21 Stockholm, Sweden
TEL 08・442・8000
http://www.skansen.se/sv/skansenbutiken-vid-huvudentrén

Svensk Hemslöjd

スウェーデン手工芸協会が運営しているショップ。豊かな手仕事の文化に触れることができます。

①

②

③

④

①スウェーデンのリネンメーカー〝Växbo Lin″のテーブルランナーやバスタオルなど。
②ストックホルム郊外に住むおじいさんが手彫りで作った鹿や馬の置物。
③道具入れはフィンランドの手工芸品。
④スウェーデンの手編みのミトン。いろんなバリエーションが通年置かれています。
⑤こちらは圧縮フェルトの上に刺しゅうをしたミトン。素朴さがかわいい。
⑥水色のコートがかわいいおばあさん。
⑦ウィンドウに飾られている刺しゅうのエプロンはキットで売られています。
⑧手芸の本とキットのコーナー。

⑤

⑥

⑦

⑧

Svensk Hemslöjd
スヴェンスク・ヘムスロイド
Norrlandsgatan 20, 111 43 Stockholm, Sweden
TEL 08・23・2115
http://svenskhemslojd.com

ストックホルムで見つけた2人のかわいいお土産

食器、布小物、フード……本人の写真とコメントで紹介！

スタイリスト伊藤まさこさんのお土産

カトラリー好きとしてはティースプーンも見逃せません。マーケットにて。

マーケットで見つけた絵皿。無地の皿が多い我が家のアクセントになりそう。

さすが北欧、鍋敷きのデザインも洒落ています。今回はシックな黒に。

もちろん器もいろいろ買いました。茶や黒は手持ちの器との相性よし。

ヴィンテージのトレーと茶こし、お茶も今回の旅で。お茶の時間が大充実。

Skansenでは、こんなかわいらしい紙ナプキンを発見。お土産にしても。

ローゼンダールではいつもドライフルーツを。今回はりんごとレーズン。

毎回買うのは、水色のきれいな箱入りキャラメル。サイズ感が絶妙。

スウェーデンの季節ごとの行事が記された本。中は写真やイラストが満載。

SPOONFUL店主おさだゆかりさんのお土産

オーガニック食材のスーパー"Paradiset"のオリジナル折りたたみ傘。

Svensk Hemslöjdで見つけたBirgitta Björkさん手織り生地のバッグ。

北欧の著名なデザイナーの作品をまとめた贅沢な一冊『The Red Thread』。

トナカイの革でできたがま口はきれいなダークブルーに一目惚れ。

肌にやさしいオーガニックの石けんはSkansenで。お土産の定番。

フリーマーケットで購入した、かなり年季の入ったテディベア。

Skansenオリジナルのディッシュクロス(右)とスポンジワイプ(左)。

ヘリンボーン柄に手編みされたミトン型の手袋。ポンポンもポイント。

マリメッコのがま口は大小セットで購入。買い付けの時は入れ子使いに。

この本で使った布のこと たくさんの工夫と古くからの日本の技術で作られています。

+ P.11

**C&Sコットンパピエ
レモンイエロー**
コットンの中でも高級とされるスーピマ綿の細番手を使用し、兵庫県西脇市で高密度で製織。糸1本1本が毛羽の少ない糸のため、発色性がよく鮮やかなイエローに仕上がっています。

+ P.15

**力織機で織ったコットン
ネイビーパープル**
岡山県倉敷市で職人が力織機を使って手間をかけて織っている布です。時間をかけて織ることにより、特有のふくらみとやわらかみが出ます。生地の風合いを生かすことでナチュラルな仕上がりに。

+ P.16

**アウトドアクロス
カーキ**
生機は、福島県野地の機屋で織り、石川県で染めとシワ加工を行った後、ソフト撥水コーティングを施しているので、少しの雨なら安心。軽いのでアウターの素材にも最適です。

+ P.17

**C&Sハーフリネンシャンタン
グレージュ**
リネンとコットンの交織なので、ふしがあり、生地に表情があります。ナチュラルな光沢があり、さらっとやわらかな手ざわりが魅力。愛知県で生産し、静岡県で仕上げています。

+ P.19

**よそいきのハーフリネン
ダークネイビー**
愛知県で織った高密度のハーフリネンを、滋賀県の工場で張りのある風合いに仕上げました。ごく細かい綾織りのため、絹のような光沢があるこの布はふんわりときれいめな洋服に最適。

+ P.21

**リネンプリマベーラ
オフホワイト**
C&S天使のリネンと同じ糸を使い、浜松市で約1.3倍密に織った高密度のリネン。一日に40mしか織れない、織布、染色ともに難易度の高い特別なリネン。イタリア語で春という意味の布。

+ P.26

**リバティプリント
Audley**
1960年代にリバティのためにデザインされた柄。小さく単純化されたデイジーとおいらん草などからなる花の連なりは、典型的な60年代スタイルを連想させ、年齢を問わず使えます。

+ P.27

**リバティプリント
コーティングAudley**
P.26のリバティプリントにビニールコーティング加工を施しました。そのことで、汚れがつきにくくなり、発色がさらによくなり華やかなイメージに。扱いやすい、つや消しのコーティングです。

+ P.29

リバティプリント
Edenham
明るく軽快なこの柄は、アイボリー系の淡色グランドの配色のみならず、数多くの配色のバリエーションがあり、リバティプリントを代表する一柄として、不動の人気を保っています。

+ P.33

C&Sナチュラルコットン
HOLIDAY キャラメルブラウン
40番手の単糸を高密度で織り、浜松市で染めました。休日にはナチュラルに洗いざらしたコットンの洋服で楽しんでほしいという思いから作りました。ボトムスにもワンピースなどにも。

+ P.35

C&Sハーフリネン
ウインドウペンチェック
白にネイビー
経糸に綿、緯糸に麻を使用し、平織で大きめの格子柄を作りました。硬仕上げでパリッとした質感があり、爽やかで涼しげな雰囲気があります。兵庫県西脇市で製織。

+ P.37

C&S100そうコットンドット
グレー地にベージュ
100番手の細い糸を2本撚り合わせて織っているため、光沢感があり比較的シワになりにくいです。地の色と水玉のシックな色の組み合わせにもこだわり、京都で手捺染という手法で染めています。

+ P.37

C&S海のブロード
ソイラテ
単なるブロードとは一線を画したC&Sオリジナルのブロード。高密度に織り、静岡県で洗いをかけ、たくさんの色展開で存在感のある布に仕上げています。シャツやブラウスに最適。

+ P.39

C&S天使のリネン
ホワイト
定番リネンの中ではいちばん薄手で、とろみのある手ざわり。くったりとしていて、透け感が魅力です。繊細な糸を使い、愛知県で製織。一日に50mしか織れないとても貴重なリネンです。

+ P.40

C&Sコットントゥジュー
チャコールグレー
自然なシワ感のある、強度が高いコーマ糸の双糸を平織りにした布です。トゥジュー（フランス語で「いつも、ずっと」）と名付けました。織／加工ともに兵庫県西脇市で行っています。

+ P.41

C&Sナチュラルリネンブロック
チェック　オフ×ブラック
ヨーロピアンフラックス原料を使用した高品質なリネン糸で近江市で織り、天然のきれいな地下水で洗い、太陽の力で乾燥。ナチュラルに仕上げた地球環境にもやさしいリネンです。

+ P.44

シルクサテン
グレー
薄すぎず、厚すぎないため、いろんな用途に使える16匁のシルクサテン。シルクは保温性があり肌ざわりもいいので下着にもおすすめです。京都の染め工場で大切に吊り染めしています。

+ P.44

シルクサテン
ベージュ
左の色違い。シルクは高価なので、なかなか下着や裏地に使うことをためらう方が多いと思いますが、この本のスリップドレスのように毎日肌に接するものに使っていただけるといいと思います。

+ P.45

シルクサテン
ピンク
左の色違い。華やかなピンクは意外と洋服に響きません。ドロワーの中に、こんな色があるだけで気持ちが華ぎます。シルクを日常に取り入れることができるのもてづくりならでは。

+ P.47

C&S洗いざらしのハーフリネン
ダンガリー　ホワイト
浜松市で経糸にリネンを配して織っているため、ひんやりとしたリネンの肌ざわりが感じられるハーフリネン。緯糸のコットンは双糸使いの糸を使用し、洗うほどに魅力が増す布です。

+ P.48

**C&Sコットンパピエ
ピンストライプ　ブルー**
高密度で織り上げているため、スモークブルーのストライプがはっきりと出ています。ダブルワッシャー加工でくしゃっとした小ジワを多く入れて凸凹を出し、表面感を強調しています。

+ P.49

**C&S100そうコットンドット
チャコールグレー地にブルー**
P.37の色違い。ドットの部分は一色のマットな感じではなく、ほんの少し水彩調にしています。水玉模様の布にありがちな子供っぽさはなく、大人にも使っていただける水玉になりました。

+ P.50

**ギンガムチェックの
フランネル　きなり×ネイビー**
透け感はほとんどなく、暖かい布。新潟県で織った片面起毛の生地。シャギー起毛を施しているので、起毛感のあるやわらかい質感で、肌ざわりがとてもいい布です。シャツなどにもおすすめです。

+ P.51

**C&Sコットンパピエ
ストライプ太　スモークブルー**
ほどよいワッシャー仕上げをしていて、くしゃっとした質感に味があり、シャツやブラウス、ワンピースなどのお洋服にもバッグなどの小物にもお使いいただけます。西脇市で織りました。

+ P.52

**C&Sコットン小さなプルメリア
ラベンデューラ**
昭和38年より創業している石川県のレース加工専門工場で生産。花びらをふっくら密度よく仕上げるために、一般的なレース加工よりも多くの糸を使い、時間をかけて作っています。

+ P.53

**力織機で織ったコットン
オレンジ**
P.15の色違い。日本に数台しか残っていない力織機で織られた貴重な布。この布だけを織っている岡山県の工場で製織。糸の撚りにふくらみがあり、カジュアルな独特の風合いが出ました。

+ P.66

**C&Sハーフリネン
デニム**
織／糸染め／加工、すべて西脇市産。インディゴ染めではないので色落ちや色移りの心配もありません。経糸、緯糸ともに綿／麻の混紡糸を使用した春夏にぴったりのデニム素材です。

+ P.67

**C&Sカラーリネン
ライトブルー**
浜松市で一般的なリネンの平織りより高密度に織られ、洋服だけでなく雑貨にも使えます。何年もの間に多くの改良を重ね、たくさんの色数を作りました。肌ざわりのいいロングセラーのリネン。

+ P.67

**C&Sカラーリネン
赤**
P.67は色違い。多用途に使える定番のリネン。「やさしいリネン」よりもやや太めの糸を使い一般的な平織りのリネンよりも高密度に織っています。スタンダードな赤の色にもこだわりました。

+ P.69

**C&S100そうコットンプリント
kukka　きいろ地に白**
kukka（クッカ）はフィンランド語で「花」という意。超長綿の100番手の細い糸を2本撚り合わせ織った、しなやかで光沢がある布に、北欧っぽい小花のプリントを施しました。

+ P.70

**リバティプリント
Jonathan**
鉛筆の削りかすの形をしたストライプ柄の「ジョナサン」は、リバティ百貨店の文具売場を象徴しています。北欧っぽいブルーの色に白がきわだつ、2014年春夏シーズン柄です。

+ P.70

**C&Sカラーリネン
アンティークホワイト**
P.67の色違い。リネンの原料からこだわることにより、染色後はとてもしなやかな風合いに生まれ変わります。真っ白ではなくアンティークのリネンにあるような落ちついたホワイトです。

+ P.70

**C&Sカラーリネン
グレイッシュピンク**
P.67の色違い。女の子が大好きなピンク。そんな中でもCHECK&STRIPEが提案するのは少しグレイッシュなピンクです。大人の方にも使っていただけ、日本人の肌なじみもいい色です。

+ P.70

**リバティプリント
Theo**
ルイス・キャロルの『不思議の国のアリス』が初めて出版されてから150年になるのを祝して作られた、2015SSシーズンコレクションの中のカンバセーショナルなやさしい色合いの柄。

+ P.70

**C&Sカラーリネン
ストロベリークリーム**
P.67の色違い。子供らしく、かわいらしいピンクは、入園入学の時に使っていただきたいと思い、色を考えました。入園入学の季節にふさわしい「ストロベリークリーム」と名付けました。

+ P.71

**C&Sぽこぽこウールニット
オフホワイト**
ポップコーン編みと言われている布。生地の厚みのわりには、軽くとてもやわらかな風合いです。国内で生産できる機械は限られており、熟練した岐阜県の職人が編んでいます。

+ P.71

**ナチュラルコットン
ダブルガーゼ　ホワイト**
コットン細番手の糸を愛知県で二重織りにしています。ガーゼ織りですが、糸と糸の間を隙間なく織るため、とてもきれいな表情。ナチュラル感があり、肌ざわりのよい自信作の二重ガーゼです。

+ P.71

**C&Sドットミニヨン
白に白**
やわらかく、少し透け感のあるコットン素材をベースに緯糸を部分的にカットして小さなドット柄を表現。織り／糸染め／加工、すべて西脇市産。ミニヨンはフランス語でかわいいという意味。

+ P.71

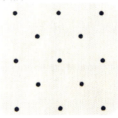

**C&S水玉の綿麻
白にスモークブルー**
綿と麻を混ぜた糸を泉州で織った布は、綿の保温性と麻の通気性を併せ持っています。その布にかわいい水玉のプリントを和歌山県の工場で施しました。白地にブルーが爽やかな布です。

+ P.71

**C&S幅広リネン
ホワイト**
厳選したヨーロッパ産のリネン（フランス ベルギー）を、日本で製織。幅が広いので、とても使いやすく手ざわりや色合いなども自信を持ってご紹介できるロングセラーのリネンです。

+ P.72

**リバティプリント
Betsy Ann**
誰がデザインしたかについての唯一の手がかりはDSというイニシャルだけ。デザイナーDSは人気のある柄を多く残しており、この柄もまた愛らしく、不動の人気柄となっています。

CHECK & STRIPE SHOP

〈ONLINE SHOP〉　http://checkandstripe.com

CHECK&STRIPEは1999年から始まったONLINE SHOPで、布の通信販売をしています。
ONLINE SHOPだけでなく、ネットのSEWING LESSON、スタッフの着こなしのご紹介、お子さまの着こなしをご紹介する着こなしバンビーニ、Facebook、Instagram（@check_stripe）などたくさんのコンテンツがあります。
オンラインで24時間お買い物をしていただけます。

〈REAL SHOP〉

神戸店

三宮センター街を少し南に入った場所にある小さな3階建ての建物。1階のショップでは布以外に、副資材やキットなども豊富に揃えています。2階ではソーイング教室や数々のワークショップを行い、お仕立ても承っています。3階ではイベントなども。

〒650-0021　兵庫県神戸市中央区三宮町2-6-14
TEL：078-381-8824（★ 通信販売は行っておりません）
営業時間 10：00-19：00　無休（年末年始を除く）

自由が丘店

定番の布以外に、海外で見つけたボタンやアップリケなど豊富に揃えています。駅から3分という立地のよさで、幼稚園の送迎帰りのママやお仕事帰りの方もご利用くださっています。お子さまが遊べる小さなコーナーもあり、安心してお買い物していただけます。

〒152-0034　東京都目黒区緑が丘2-24-13-105
TEL：03-6421-3200（★ 通信販売は行っておりません）
営業時間 10：00-19：00　無休（年末年始を除く）

workroom（自由が丘）

自由が丘店の向かいにある小さな自然光の入るスペース。ソーイングレッスンや縫い物などのほかに、キッチンも用意しているのでお料理など様々なジャンルのワークショップ、イベントを開催しています。試着していただけるスペースもあり、お仕立ても承っています。

〒152-0035　東京都目黒区自由が丘1-3-11-106
TEL：03-6421-3200（自由が丘店共通）

fabric&things（芦屋）

芦屋川沿いにある絶好のロケーション。布だけでなく雑貨コーナーも充実しています。ワークショップを開講する地下のスペースは設備も整い、ゆったり広々。ソーイングや暮らしにまつわる本をセレクトしたブックコーナーもあります。週末はカフェも。

〒659-0094　兵庫県芦屋市松ノ内町4-8-102
TEL：0797-21-2323（★ 通信販売は行っておりません）
営業時間 10：00-19：00 無休　（年末年始を除く）

吉祥寺店

雑貨屋さん、パン屋さんなどでにぎわう大正通りにあり、散歩がてら訪れるお客さまが多いです。フロアの片隅にあるソーイングルームにはミシンを4台備え、ソーイングのほか、お花のアレンジやアクセサリーのワークショップも開講。お仕立ても承っています。

〒180-0004　東京都武蔵野市吉祥寺本町2-31-1
TEL：0422-23-5161（★ 通信販売は行っておりません）
営業時間 10：00-19：00　無休（年末年始を除く）

little shop（鎌倉）

鶴岡八幡宮から由比ガ浜に抜ける若宮大路沿いにある小さな店。店は小さいですが、反物を置く什器が2段になっていて、たくさんの種類のリネンやリバティプリントを用意しています。じっくり布を選んでいただけるような体制をとっています。

〒248-0014　神奈川県鎌倉市由比ガ浜2-16-1
TEL：0467-50-0013（★ 通信販売は行っておりません）
営業時間 10：00-18：30　無休（年末年始を除く）
★ 他の店舗と閉店時間が異なりますのでご注意くださいませ。

〈THE HANDWORKS〉　http://checkandstripe.com/thehandworks/

THE HANDWORKSでは、お好きな布をお店で選んでいただき、お気に入りのCHECK&STRIPEのデザインで、あなただけのお洋服をお作りします。
★既存のCHECK&STRIPEのパターンやCHECK&STRIPEの書籍のデザイン・サイズでのお仕立てとなります。
★THE HANDWORKSは、神戸店、workroom（自由が丘）、吉祥寺店で承っております。受付日などの詳細は各店舗にお問い合わせください。

How to make 作り方

作り始める前に

*大人はレディースS・M・Lの3サイズ、子供は100・110・120・130・140cmの5サイズ展開です。右記の標準寸法表(ヌード寸法)を参考に、着る方の近いサイズを選んでください。子供は体型にバラつきがあるので、身長の他、バストやヒップも参考にしてください。

*出来上がり寸法の着丈は、後ろ身頃の衿ぐりの一番高い位置から裾まで、ゆき丈は首の後ろ中心から肩を通って袖口までを測ったものです。

*裁ち合わせ図は、レディースがMサイズ、子供が110cmサイズの配置になっています。サイズが違うと型紙の配置がずれることがありますので、必ず確認してから裁断をしてください。

*直線だけのスカートやバッグ、小物類は、作り方ページの裁ち合わせ図に寸法を記載しているので、それを見て型紙を作るか、または布に直接線を引いて裁つ、直裁ちをしてください。

*生地は洗うと縮んでしまうので、裁断する前に一度水通しし、地直しをしてください。

*白地を縫うときは、チョークペーパーを使わず、あらかじめ縫い代をつけた型紙で裁断をするか、ヘラを使って印つけをすることをおすすめします。

*作り方に記載されているジグザグミシンの処理は、ロックミシンでも可能です。

*イラスト中の数字の単位はcmです。

大人レディース寸法表

	バスト	ウエスト	ヒップ
Sサイズ	79	59	86
Mサイズ	83	64	90
Lサイズ	88	69	96

★単位はすべてcm　★すべてヌード寸法

子供寸法表

	バスト	ウエスト	ヒップ
100cm	54	49	57
110cm	58	51	60
120cm	62	53	64
130cm	66	55	68
140cm	70	57	72

★単位はすべてcm　★すべてヌード寸法

1 小さな衿のワンピース + P.11

★ この作品は実物大型紙を使用して作ります。

使用する型紙（A面）

+ 出来上がり寸法
S…バスト97cm・着丈103cm・ゆき丈39cm
M…バスト103cm・着丈104cm・ゆき丈40.5cm
L…バスト108cm・着丈105cm・ゆき丈42cm

+ 材料
[表布] C&Sコットンパピエ　レモンイエロー…105cm幅でSは260cm、Mは260cm、Lは270cm
接着芯…50×120cm
接着テープ…1.2cm幅40cm
ボタン…直径1.1cm　10個

[裁ち合わせ図]

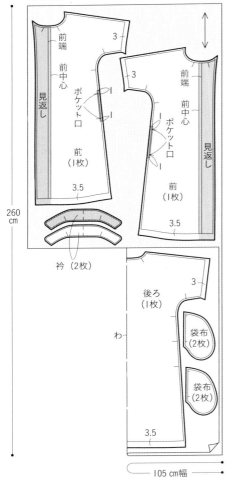

★ 指定以外の縫い代は1cm
★ □は裏に接着芯、接着テープを貼る位置
　衿は表衿のみ貼る

[作り方]

1 後ろ衿ぐりに粗い針目でギャザーミシンを2本かける。糸を引いて指定の寸法までギャザーを均等に寄せる。

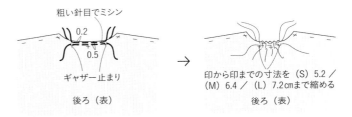

印から印までの寸法を(S)5.2／(M)6.4／(L)7.2cmまで縮める

2 前見返し端にジグザグミシンをかけて縫い代を折り、縫う。見返し部分を中表に折って上下を縫う。

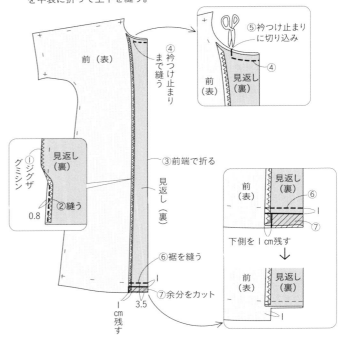

3 見返し部分を表に返して整える。前身頃と後ろ身頃を中表に合わせてポケット口を残して脇を縫う。

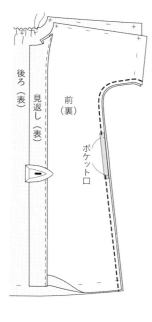

4 ポケットを作る。2枚の袋布を縫い合わせ、ポケット口に縫いつける。縫い代は2枚一緒にジグザグミシンで始末し、後ろ側に倒す。

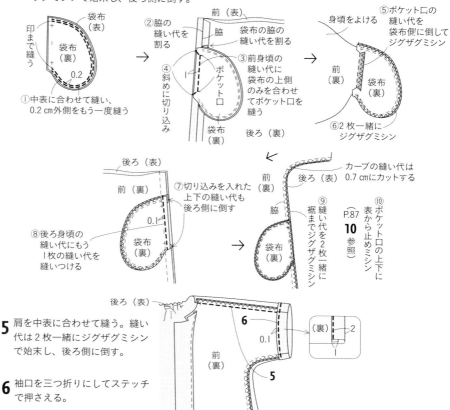

5 肩を中表に合わせて縫う。縫い代は2枚一緒にジグザグミシンで始末し、後ろ側に倒す。

6 袖口を三つ折りにしてステッチで押さえる。

7 衿を作り、身頃に合わせて衿ぐりを縫う。

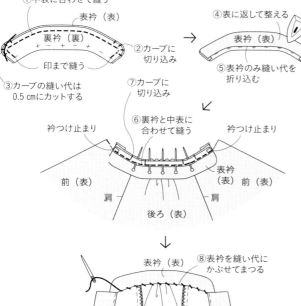

8 裾を三つ折りにしてステッチで押さえる。

9 右前にボタンホールを作り、左前にボタンをつける

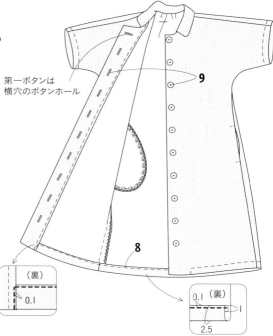

1 arrange 小さな衿のブラウス + P.49

★ この作品は実物大型紙を使用して作ります。

使用する型紙（A面）

+ 出来上がり寸法
S…バスト97cm・着丈61.5cm・ゆき丈39cm
M…バスト103cm・着丈62.5cm・ゆき丈40.5cm
L…バスト108cm・着丈64cm・ゆき丈42cm

+ 材料
[表布] C&S100そうコットンドット　チャコールグレー地にブルー…
　　　110cm幅（プリント有効幅105cm）でSは170cm、Mは170cm、Lは180cm
接着芯…50×80cm
ボタン…直径1.1cm 6個

[裁ち合わせ図]

Mサイズ

★ 指定以外の縫い代は1cm
★ ▨は裏に接着芯を貼る位置。衿は表衿のみ貼る。

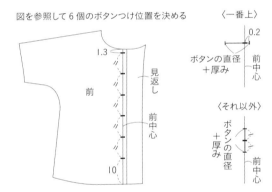

[ボタンつけ位置]

図を参照して6個のボタンつけ位置を決める

[ボタンホールの位置]

〈一番上〉
ボタンの直径＋厚み

〈それ以外〉
ボタンの直径＋厚み

[作り方]

P.74のワンピースと同様。ただしポケットはなし。裾の始末は下図参照。

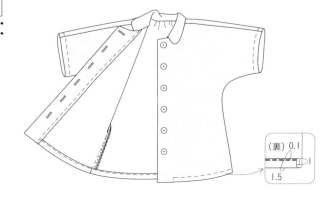

4 テーパードイージーパンツ(大人) + P.17
★この作品は実物大型紙を使用して作ります。

17 テーパードイージーパンツ(子供) + P.66
★この作品は実物大型紙を使用して作ります。

使用する型紙(C面大人・A面子供)

+大人用の出来上がり寸法
S…ウエスト89cm・ヒップ102.5cm・パンツ脇丈85cm
M…ウエスト94cm・ヒップ106.5cm・パンツ脇丈86cm
L…ウエスト99cm・ヒップ112.5cm・パンツ脇丈87cm

+大人用の材料
[表布] C&Sハーフリネンシャンタン　グレージュ…
　　　110cm幅でSは230cm、Mは230cm、Lは230cm
接着芯…30×20cm
接着テープ…1.2cm幅50cm
綿の綾ひも…1cm幅150cm

+子供用の出来上がり寸法
100…ウエスト61cm・ヒップ67.5cm・パンツ脇丈49.5cm
110…ウエスト63cm・ヒップ70.5cm・パンツ脇丈56.5cm
120…ウエスト65cm・ヒップ74.5cm・パンツ脇丈63.5cm
130…ウエスト67cm・ヒップ78.5cm・パンツ脇丈70.5cm
140…ウエスト69cm・ヒップ82.5cm・パンツ脇丈77.5cm

+子供用の材料
[表布] C&Sハーフリネンデニム…
　　　110cm幅で100は120cm、110は130cm、
　　　120は150cm、130は170cm、140は180cm
接着芯…30×20cm
接着テープ…1.2cm幅50cm
綿の綾ひも…1cm幅100cm

[裁ち合わせ図]

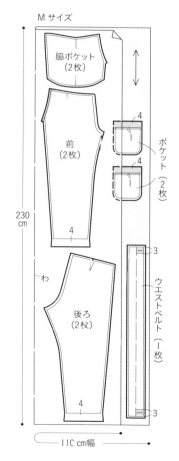

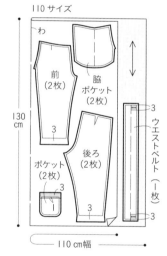

★ 指定以外の縫い代は1cm
★ ▨は裏に接着芯、接着テープを貼る位置

[作り方]

1 後ろのダーツを縫い、中心側に倒す。

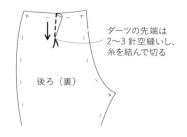

ダーツの先端は
2～3針空縫いし、
糸を結んで切る

後ろ(裏)

2 ポケットを作り、後ろにつける。ポケット口は四角に縫い、補強する。

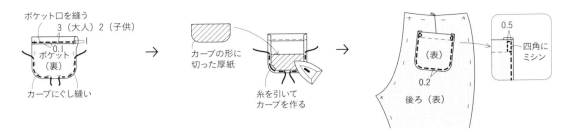

3 脇ポケットを作る。前と脇ポケットを縫い合わせてポケット口を作り、形を作って底を縫い、縫い代はジグザグミシンで始末する。

4 前パンツと後ろパンツを中表に合わせて脇と股下を縫う。縫い代は2枚一緒にジグザグミシンで始末し、後ろ側に倒す。裾は三つ折りにしてステッチで押さえる。

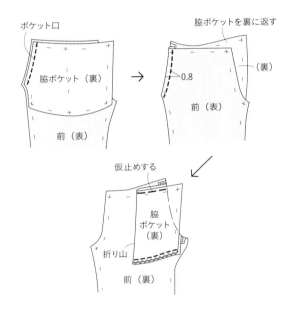

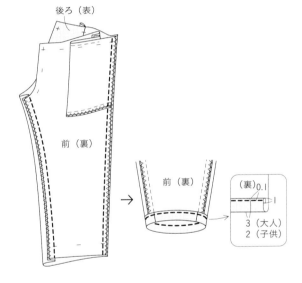

5 左右のパンツを中表に合わせて股上を縫う。縫い代は2枚一緒にジグザグミシンで始末し、左パンツ側に倒す。

6 ウエストベルトの前中心側にひも通し口を作る。前中心を縫い、出来上がりに形作る。

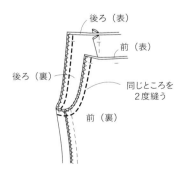

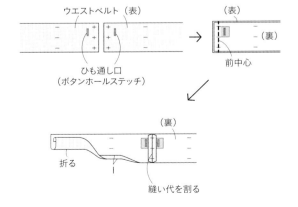

7 パンツにウエストベルトをつける。ひも通し口からひもを通す。

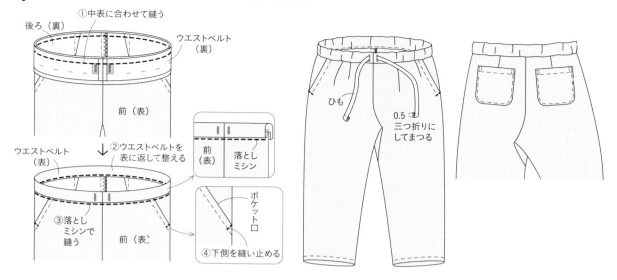

4 arrange　テーパードイージーパンツ +P.53
★この作品は実物大型紙を使用して作ります。

使用する型紙（C面）

+出来上がり寸法
S…ウエスト89cm・ヒップ102.5cm・パンツ脇丈48cm
M…ウエスト94cm・ヒップ106.5cm・パンツ脇丈49cm
L…ウエスト99cm・ヒップ112.5cm・パンツ脇丈50cm

+材料
[表布]力織機で織ったコットン　オレンジ…
　　　110cm幅でSは160cm、Mは160cm、Lは170cm
接着芯…30×20cm
接着テープ…1.2cm幅50cm
綿の綾ひも…1cm幅150cm

[作り方]
P.77のパンツと同様。裾の始末は下図参照。

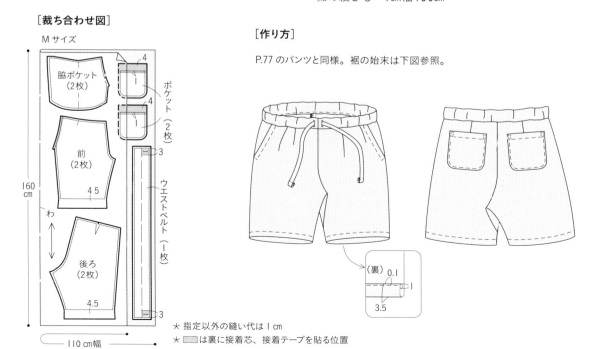

★ 指定以外の縫い代は1cm
★ ▨は裏に接着芯、接着テープを貼る位置

2 後ろリボンのワンピース + P.15

★ この作品は一部実物大型紙を使用して作ります。
実物大型紙がないものは(裁ち合わせ図)で示した寸法で直裁ちします。

使用する型紙(A面)

+出来上がり寸法
S…バスト104cm・着丈90.5cm・袖丈22.5cm
M…バスト108cm・着丈92cm・袖丈23.5cm
L…バスト113cm・着丈93.5cm・袖丈24.5cm

+材料
[表布]C&S力織機で織ったコットン
　　　ネイビーパープル…
　　　110cm幅でSは270cm、Mは280cm、Lは280cm
接着芯…70×30cm
接着テープ…1.5cm幅40cm
スプリングホック…1組
スナップボタン…直径0.8cm 1組

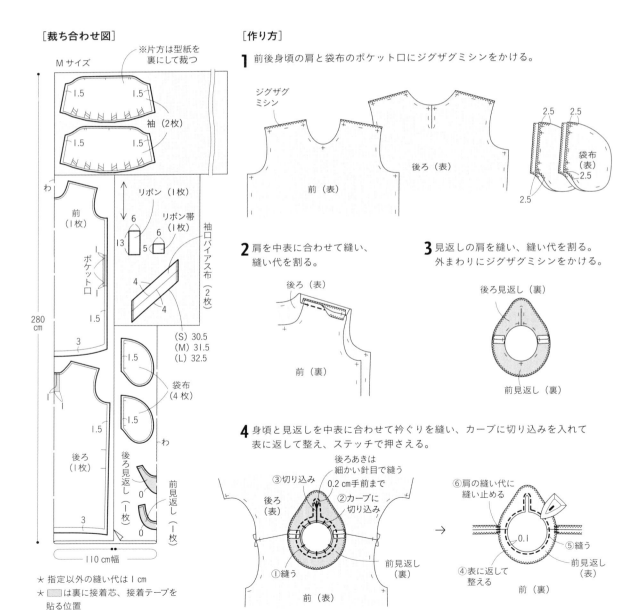

5 袖にタックを寄せて仮止めする。

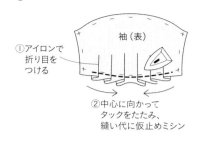

6 前後身頃と袖を中表に合わせて袖ぐりを縫う。縫い代は2枚一緒にジグザグミシンで始末し、身頃側に倒す。次に脇から袖下の縫い代を続けてジグザグミシンをかける（P.87の**6**参照）。

7 ポケット口を残して脇から袖下を続けて縫い、縫い代は割る（P.87の**7**参照）。

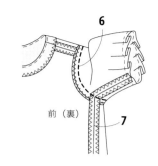

8 袖口バイアス布を輪に縫い、外表に二つ折りにして袖口と縫い合わせる。

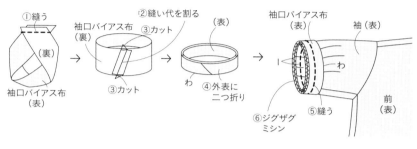

9 袖口バイアス布を裏側に倒して、タックの折り山部分に縫い止める。

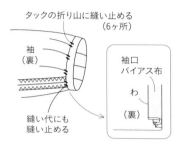

10 ポケットを作る。2枚の袋布を縫い合わせ、ポケット口に縫いつける（P.87の**10**参照）。

11 裾を三つ折りにしてステッチで押さえる。

12 後ろ衿ぐりにスプリングホックをつける。

13 リボンを作り、スナップボタンをつける。

14 リボンを後ろに縫いつけ、スナップボタンをつける。

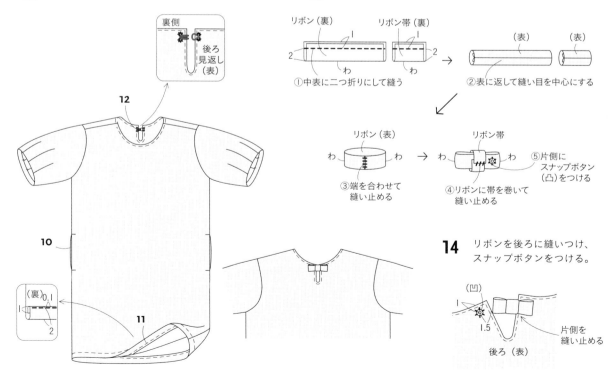

3 リュック + P.16

使用する型紙（C面）

★ この作品は一部実物大型紙を使用して作ります。
実物大型紙がないものは（裁ち合わせ図）で示した寸法で直裁ちします。

+出来上がり寸法
28×40×12cm（ヨコ×タテ×まち）

+材料
[表布]アウトドアクロス　カーキ…110cm幅×100cm
コイルファスナー両開き（ブラック）…長さ60cmを1本
ファスナー（ブラック）…長さ21cmを1本
移動カン（ブラック）…内径2cmを2個
平テープ（ハードタイプ・ブラック）…
　2cm幅40cmを2本（肩ひも細用）と20cmを1本（引っかけ用）、
　3.8cm幅39cmを2本（肩ひも太用）と25cmを1本（背面用）
平テープ（ソフトタイプ・ブラック）…2cm幅12cmを2本（移動カン用）、
　230cm（縫い代始末用）

[裁ち合わせ図]

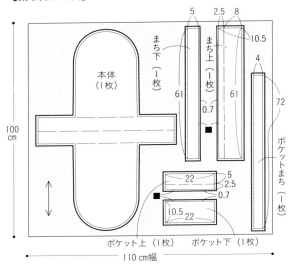

★ 指定以外の縫い代は1cm　★ ■はファスナーつけ位置

[作り方]

1 ポケット上下にファスナーをつける。

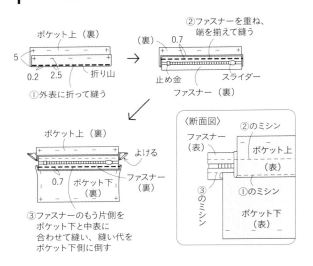

2 ポケットまちを輪に縫い、ポケットと縫い合わせる。

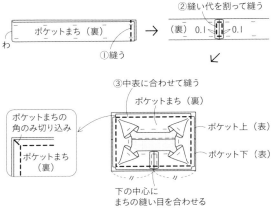

3 本体のポケットつけ位置に合わせてポケットを縫いつける。

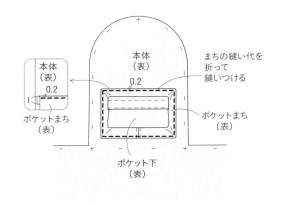

4 肩ひもを作る。

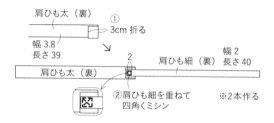

5 本体の背面側に引っかけテープ、肩ひも、背面テープ、移動カンを通したテープをつける。

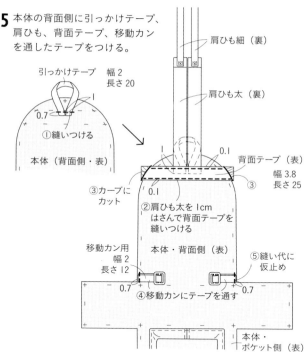

6 まち上下に両開きファスナーをつけ、本体と縫い合わせる。縫い代は平テープで始末する。

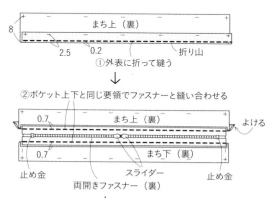

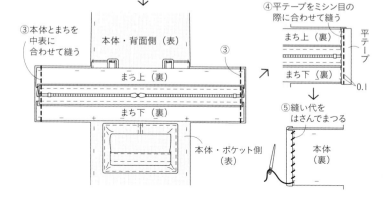

7 本体とまちを中表にして縫い合わせる。縫い代は平テープで始末する。

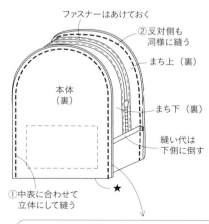

8 肩ひもを移動カンに通し、先を折って縫い止める。

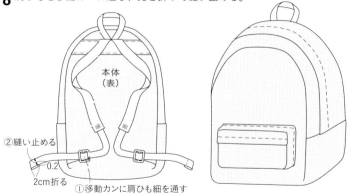

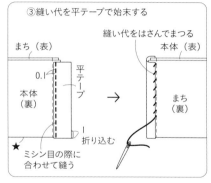

5 よそいきのシンプルコート + P.19, 52

★この作品は実物大型紙を使用して作ります。
実物大型紙がないものは〔裁ち合わせ図〕で示した寸法で直裁ちします。

使用する型紙（B面）
★袋布のみA面

+ 出来上がり寸法
S…バスト110cm・着丈104cm・ゆき丈64cm
M…バスト114cm・着丈105cm・ゆき丈66cm
L…バスト119cm・着丈106.5cm・ゆき丈68cm

+ 材料
P.19[表布]よそいきのハーフリネン ダークネイビー…
120cm幅でSは320cm、Mは320cm、Lは330cm
P.52[表布]C&Sコットン小さなプルメリア ラベンデューラ…
100～105cm幅（有効幅92～98cm）でSは390cm、
Mは390、Lは400cm
接着芯…60×120cm
接着テープ…1.2cm幅50cm

〔裁ち合わせ図〕

Mサイズ

★ 指定以外の縫い代は1cm
■ は裏に接着芯、接着テープを貼る位置

袋布（4枚）1.5
内袖（2枚）3
外袖（2枚）3
前（2枚）ポケット口
後ろ見返し（1枚）
後ろ（1枚）
前見返し（2枚）
ベルト（一枚）(S)165 (M)170 (L)175

★P.52は前見返しと後ろ見返しと袋布を別位置でとり、ベルトを横に詰めて裁断する

P.19 320cm / P.52 390cm
120cm幅／92～98cm幅

〔作り方〕

1 後ろのダーツを縫い、中心側に倒す。

後ろ（裏）
ダーツの先端は2〜3針空縫いし、糸を結んで切る

2 前身頃と後ろ身頃を中表に合わせて脇を縫い、ポケット口を縫い残す。

ポケット口
前（裏）
後ろ（表）

3 袋布の外まわりを袋縫いにして、身頃につける。脇の縫い代は2枚一緒にジグザグミシンで始末し、後ろに倒す。

①外表に合わせて印から印まで縫う
袋布（表） 0.5
②中表にして印どおりに縫う（袋縫い）
袋布（裏）
印から／印まで

③前脇の縫い代と袋布の上側の縫い代のみ合わせて縫う
脇
後ろの脇の縫い代と袋布の下側の縫い代はよける
ポケット口 0.1
④ポケット口の縫い代に斜めに切り込み
袋布（裏）
前（表）

⑤袋布を前側に倒す
前（裏）
ポケット口 0.1
袋布（裏）
後ろ（表）

⑧縫い代を2枚一緒に裾までジグザグミシンをかけ、後ろ側に倒す
⑦脇の縫い代に袋布の縫い代を縫い止める
⑥切り込みを入れた袋布の上側の縫い代も脇の縫い代側に倒す

⑨下側の袋布をよけて縫う
ポケット口 0.8
前（表）

⑩ポケット口の上下を下側まで一緒に縫い止める
前（表）

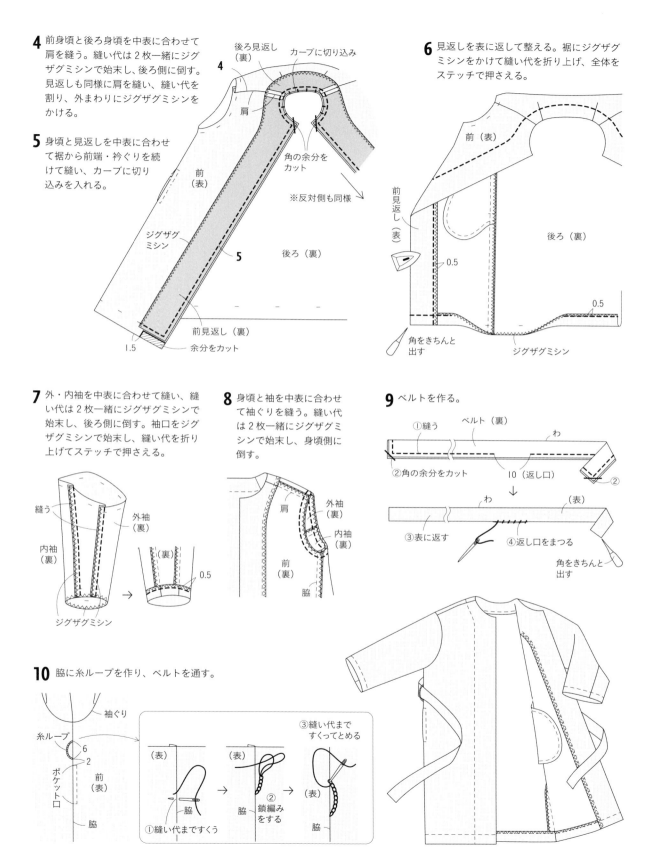

6 お出かけワンピース + P.21

★この作品は実物大型紙を使用して作ります。

使用する型紙（C面）

+出来上がり寸法
S…バスト111cm・着丈93.5cm・ゆき丈60.5cm
M…バスト115cm・着丈94.5cm・ゆき丈62cm
L…バスト120cm・着丈96cm・ゆき丈63.5cm

+材料
[表布]リネンプリマベーラ　オフホワイト…110cm幅でSは270cm、Mは280cm、Lは290cm
接着芯…90×30cm
接着テープ…1.5cm幅40cm

[裁ち合わせ図]

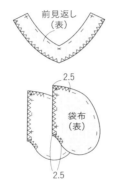

★指定以外の縫い代は1cm
★▨は裏に接着芯、接着テープを貼る位置。後ろヨークは表ヨークのみ貼る

[作り方]

1 前見返しの下端と袋布のポケット口にジグザグミシンをかける。後ろ身頃の上端の縫い代に粗い針目でギャザーミシンを2本かける。

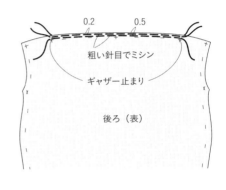

2 前身頃と前見返しを中表に合わせて衿ぐりを縫う。カーブに切り込みを入れ、表に返して整える。

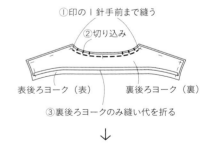

3 表後ろヨークと裏後ろヨークを中表に合わせて衿ぐりを縫う。カーブに切り込みを入れて表に返し、裏後ろヨークの縫い代を折り込む。

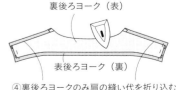

4 後ろ身頃のギャザーを均等に寄せ、表後ろヨークと縫い合わせる。

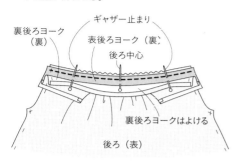

5 前身頃と表後ろヨークを中表に合わせて肩を縫い、裏後ろヨークを縫い代にかぶせてまつる。後ろ側も同様にまつる。後ろ衿ぐりはステッチで押さえる。

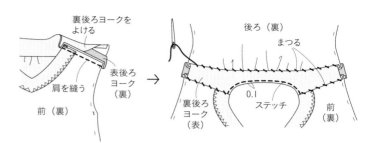

6 身頃と袖を中表に合わせて袖ぐりを縫う。縫い代は2枚一緒にジグザグミシンで始末し、袖側に倒す。
次に脇から袖下の縫い代を続けてジグザグミシンをかける。

7 ポケット口を残して脇から袖下を続けて縫い、縫い代は割る。

8 袖口を三つ折りにしてステッチで押さえる。

9 裾にジグザグミシンをかけ、縫い代を折り上げてステッチで押さえる。

10 ポケットを作る。2枚の袋布を縫い合わせ、ポケット口に縫いつける。

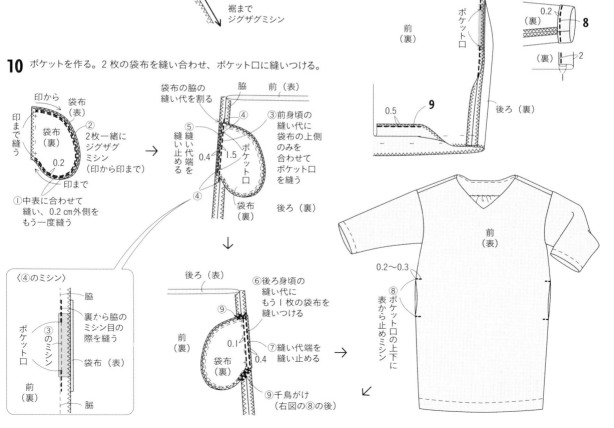

9 フラワーガーデンのワンピース + P.29,48

使用する型紙（D面）
★袋布のみA面

★この作品は実物大型紙を使用して作ります。
実物大型紙がないものは（裁ち合わせ図）で示した寸法で直裁ちします。

+ 出来上がり寸法
S…バスト110.5cm・ウエスト105cm・着丈109.5cm・ゆき丈33cm
M…バスト114.5cm・ウエスト110cm・着丈111cm・ゆき丈34cm
L…バスト120cm・ウエスト115cm・着丈112.5cm・ゆき丈35cm

+ 材料
P.29[表布]リバティプリントEdenham LTE（カラフル系）…110cm幅でSは290cm、Mは290cm、Lは300cm
P.48[表布]C&Sコットンパピエピンストライプ　ブルー…105cm幅でSは300cm、Mは300cm、Lは310cm
接着テープ…1.2cm幅110cm

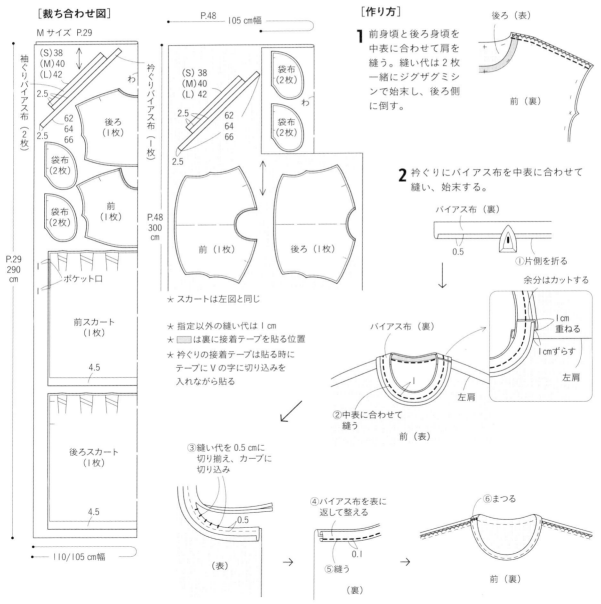

3 袖ぐりも **2** と同様にバイアス布を中表に合わせて縫う。

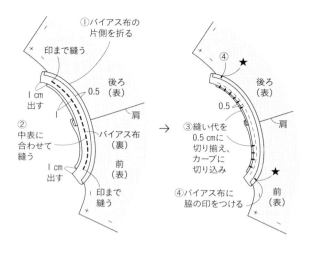

4 前身頃と後ろ身頃を中表に合わせて脇を縫う。バイアス布の脇も縫い、縫い代は2枚一緒にジグザグミシンで始末し、後ろ側に倒す。

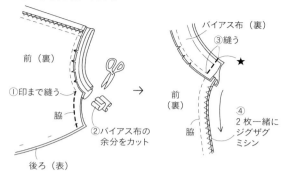

5 袖ぐりを始末する。

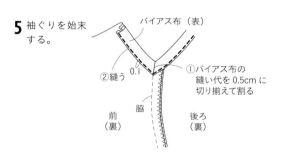

6 スカートのタックを寄せて仮止めをする。

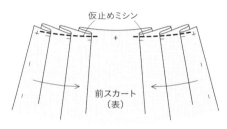

※後ろスカートも同様

7 前スカートと後ろスカートを中表に合わせてスカートのポケット口を残して脇を縫う（P.75の**3**参照）。

8 ポケットを作る。2枚の袋布を縫い合わせ、ポケット口に縫いつける。縫い代は2枚一緒にジグザグミシンで始末し、後ろ側に倒す。（P.75の**4**参照）。

9 身頃とスカートを中表に合わせてウエストを縫う。縫い代は2枚一緒にジグザグミシンで始末し、身頃側に倒す。

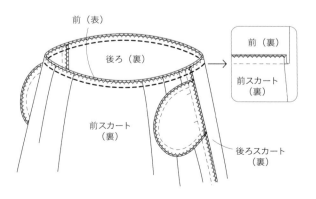

10 裾を三つ折りにしてステッチで押さえる。

10 ラップ風タックスカート + P.33

★この作品は実物大型紙を使用して作ります。
実物大型紙がないものは〔裁ち合わせ図〕で示した寸法で直裁ちします。

使用する型紙（B面）
★スカートの型紙は突き合わせて写し、1枚の型紙にします。

+ 出来上がり寸法
フリーサイズ…ウエスト73.5cm・スカート丈66.5cm

+ 材料
[表布] C&SナチュラルコットンHOLIDAY キャラメルブラウン…110cm幅で260cm
接着芯…30×60cm
スナップボタン…直径0.8cm 1組

[裁ち合わせ図]

[作り方]

1 裾を三つ折りにしてステッチで押さえる。

2 前後ひもを作る。

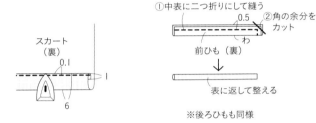

※後ろひもも同様

3 前後見返しを縫い合わせ、下端の縫い代を始末する。

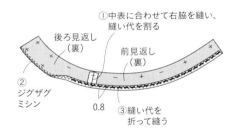

4 タックを15ヶ所縫い止まりまで縫う。その内1ヶ所は前ひもをはさんで縫う。

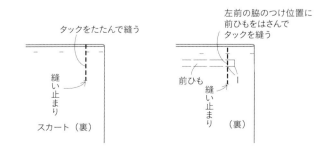

5 後ろあき止まりを始末し、タックの折り線を裾までたたんで折り目をつける。

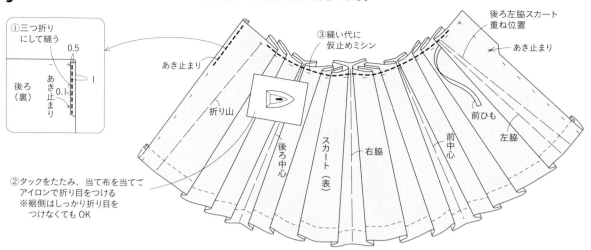

6 スカートと見返しを縫い合わせる。

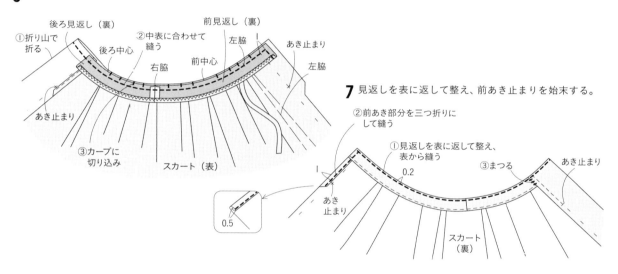

7 見返しを表に返して整え、前あき止まりを始末する。

8 左脇を中表に合わせて縫う。縫い代は2枚一緒にジグザグミシンで始末する。縫い代は後ろ側に倒す。

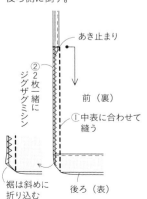

9 左脇に後ろひもを縫いつけ、スナップボタンをつける。左脇スカートを重ねる。

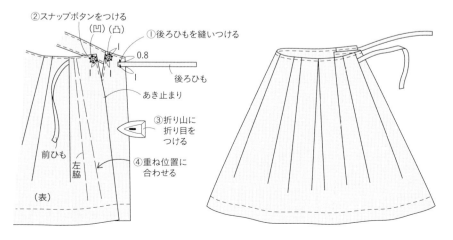

8 ビッグバニティ + P.27

使用する型紙（C面）

★ この作品は一部実物大型紙を使用して作ります。
実物大型紙がないものは（裁ち合わせ図）で示した寸法で直裁ちします。
★ コーティング生地を縫う時はミシンの押さえ金をテフロン製のものに変えて縫う、
またはシリコンスプレーをミシンの針と糸にひとふきして縫うとスムーズにミシンがかけられます。

+出来上がり寸法
25×15×20㎝（ヨコ×タテ×高さ）

+材料
[表布]リバティプリントコーティングAudley（◎J17Cミンティー地にペールオレンジ・ブルー系）…105㎝幅で×45㎝
ビスロン両開きファスナー（ホワイト）…60㎝1本
リバティプリントバイアステープAudley（◎J17Cミンティー地にペールオレンジ・ブルー系）…1㎝幅200㎝

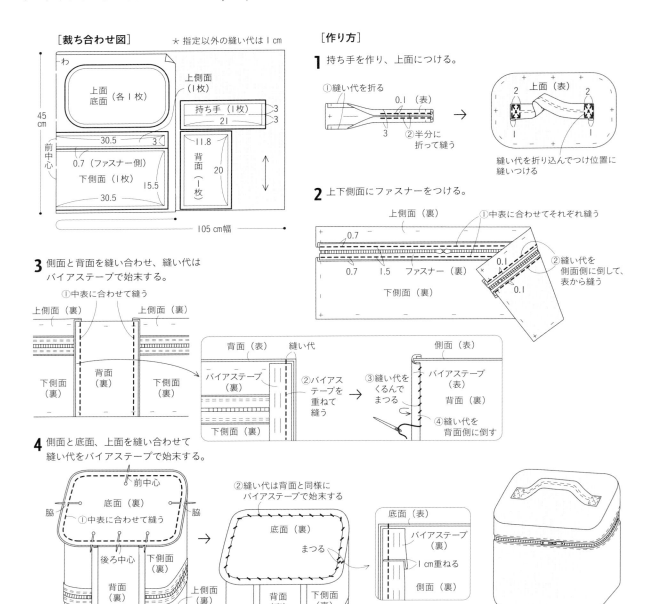

11 ビッグトート ＋P.35,47

★この作品は実物大型紙がないので(裁ち合わせ図)で示した寸法で直裁ちします。

＋出来上がり寸法
58×38×8cm(ヨコ×タテ×まち)

＋材料
P.35[表布] C&Sハーフリネンウインドウペンチェック　白にネイビー…85×100cm
P.47[表布] C&S洗いざらしのハーフリネンダンガリー　ホワイト…85×100cm

[裁ち合わせ図]

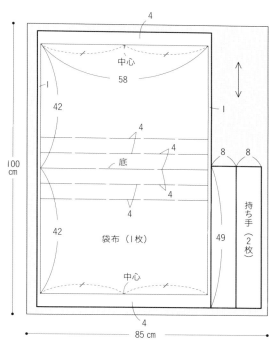

[作り方]

1 中表に合わせて袋布の底をたたみ、まちを作る。脇を縫い、縫い代は2枚一緒にジグザグミシンをかけて片側に倒す。

2 持ち手を作り、袋口にはさんで縫う。

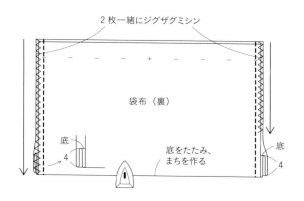

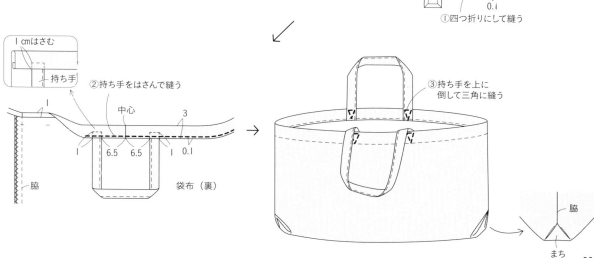

13 ウエストフリルのスカート(大人) + P.39,50

★この作品は袋布以外は実物大型紙がないので(裁ち合わせ図)で示した寸法で直裁ちします。

+ 大人用の出来上がり寸法
S…スカート丈61.5cm
M…スカート丈61.5cm
L…スカート丈62cm

+ 大人用の材料
P.39[表布]C&S天使のリネン ホワイト…
　　　100cm幅で
　　　Sは190cm、Mは190cm、Lは190cm
P.50[表布]ギンガムチェックのフランネル
　　　きなり×ネイビー…
　　　105cm幅で
　　　Sは190cm、Mは190cm、Lは190cm
接着テープ…1.5cm幅40cm
ゴムテープ…2.5cm幅63／66／69cm

+ 子供用の出来上がり寸法
100…スカート丈33.5cm
110…スカート丈36.5cm
120…スカート丈39.5cm
130…スカート丈43.5cm
140…スカート丈47.5cm

+ 子供用の材料
[表布]リバティプリント
　　　Jonathan(◎J14Bブルー)…
　　　110cm幅で100は130cm、110は140cm、
　　　120は140cm、130は150cm、140は160cm
接着テープ…1.5cm幅30cm
ゴムテープ…2cm幅51／54／57／60／63cm

20 ウエストフリルのスカート
(子供) + P.70

使用する型紙(A面大人、D面子供)

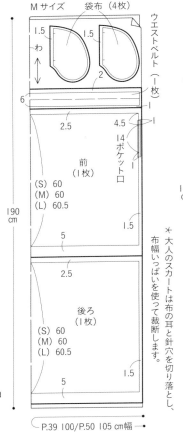

	●	△	■	◎
100	34	32.5	39	12.5
110	35	35.5	40	12.5
120	36	38.5	41	12.5
130	37.5	42.5	42.5	13.5
140	38.5	46.5	43.5	13.5

[作り方]

1 接着テープを貼ってから前後スカートの上端と脇、袋布のポケット口、ウエストベルトの上下端にジグザグミシンをかける。前後スカートの裾を三つ折りにして折りぐせをつける。

2 ポケット口を残して脇を縫い、縫い代を割る。

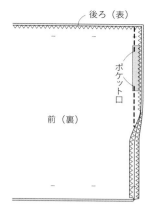

3 ポケットを作る。2枚の袋布を縫い合わせ、ポケット口に縫いつける（P.87の**10**参照）。ただしポケット口の上側の千鳥がけは省く。

4 ウエストベルトはゴム通し口を残してわに縫う。2cmの縫い代側を0.5cm折ってステッチで押さえ、外表に出来上がりに折る。

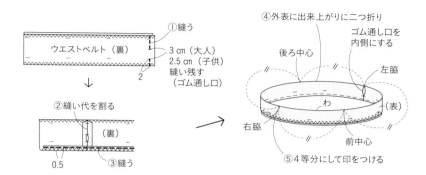

5 スカートのウエストの縫い代を折って印をつけ、印の上下に粗い針目でギャザーミシンを2本かける。
※大人・子供ともに寸法は同じ

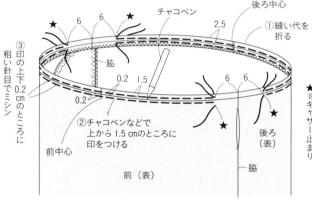

6 ウエストのギャザーミシンの糸を引いてギャザーを均等に寄せ、ウエストベルトと合わせて一周り縫う。その後ギャザーミシンの糸を取り除く。

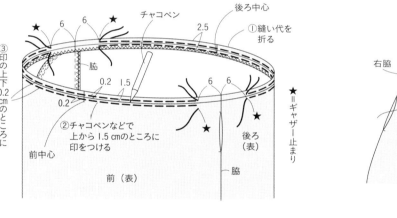

7 ウエストにゴムテープを通し、端を重ねて縫い止める。袋布の上端をウエストベルトにまつる。

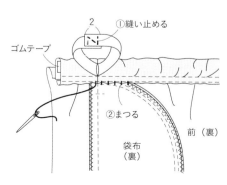

8 裾を三つ折りにして一周り縫う。

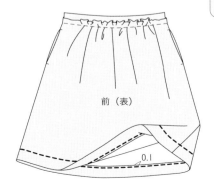

14 フード付きコート(大人) + P.40
★この作品は実物大型紙を使用して作ります。

18 フード付きコート(子供) + P.67
★この作品は実物大型紙を使用して作ります。

使用する型紙(A面大人、D面子供)

+ 大人用の出来上がり寸法
S…バスト124cm・着丈87.5cm・ゆき丈79cm
M…バスト128cm・着丈89cm・ゆき丈81cm
L…バスト133cm・着丈90.5cm・ゆき丈83cm

+ 大人用の材料
[表布]C&Sコットントゥジュー チャコールグレー…
　　　110cm幅でSは340cm、Mは340cm、Lは350cm
接着芯…90×100cm
ボタン…直径2cm 6個

+ 子供用の出来上がり寸法
100…バスト86cm・着丈55.5cm・ゆき丈49.5cm
110…バスト90cm・着丈59.5cm・ゆき丈54cm
120…バスト94cm・着丈64cm・ゆき丈58.5cm
130…バスト98cm・着丈69cm・ゆき丈63.5cm
140…バスト102cm・着丈74cm・ゆき丈68cm

+ 子供用の材料
[表布]C&Sカラーリネン ライトブルー／赤…
　　　105cm幅で100は180cm、110は180cm、
　　　120は210cm、130は230cm、140は250cm
接着芯…90×80cm
ボタン…直径1.8cm 5個

[作り方]

1 ポケットを作り、前につける。前端の裾部分を始末し、見返しに折りぐせをつける。

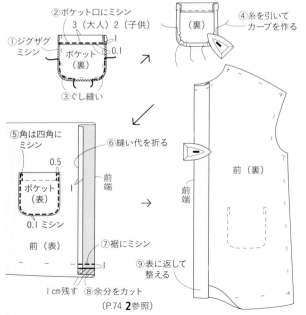

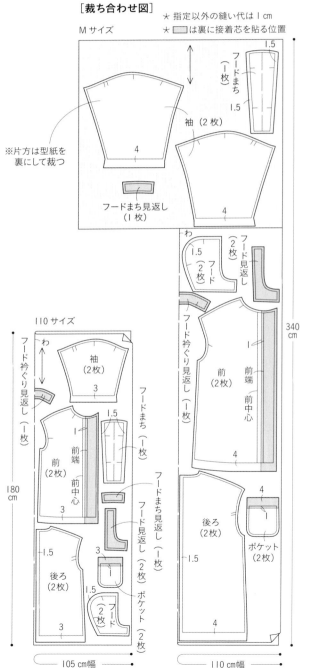

2 後ろ中心を袋縫いにし、縫い代を左後ろ側に倒す。

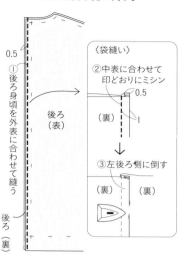

3 前身頃と後ろ身頃を中表に合わせて肩を縫う。縫い代は2枚一緒にジグザグミシンで始末し、後ろ側に倒す。

4 身頃と袖を中表に合わせて袖ぐりを縫う。縫い代は2枚一緒にジグザグミシンで始末し、身頃側に倒す。

5 袖下から脇を中表に合わせて続けて縫う。縫い代は2枚一緒にジグザグミシンで始末し、後ろ側に倒す。

6 見返し端、裾と袖口をステッチで押さえる。

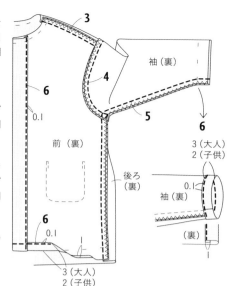

7 フードとフードまちを中表に合わせて縫い、折り伏せ縫いにする。

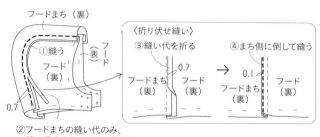

8 フード見返しとフードまち見返しを縫い合わせて、フード本体と中表に合わせて外まわりを縫う。

9 身頃にフード衿ぐり見返しを仮止めし、身頃とフードを中表に合わせて衿ぐりを縫う。

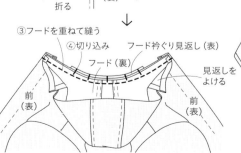

10 衿ぐりとフード全体をステッチで押さえる。左前にボタンホールを作り、右前にボタンをつける。

※子供はボタン5個

15 イージープルオーバー ＋ P.41,51

★この作品は実物大型紙を使用して作ります。

使用する型紙（B面）

＋出来上がり寸法
S…バスト97cm・着丈65.5cm・ゆき丈55.5cm
M…バスト101cm・着丈67cm・ゆき丈57cm
L…バスト106cm・着丈68.5cm・ゆき丈58.5cm

＋材料
P.41[表布] C&Sナチュラルリネンブロックチェック　オフ×ブラック…110cm幅でSは240cm、Mは250cm、Lは250cm
P.51[表布] C&Sコットンパピエストライプ太　スモークブルー…105cm幅でSは240cm、Mは250cm、Lは250cm
接着芯…90×20cm

[裁ち合わせ図]

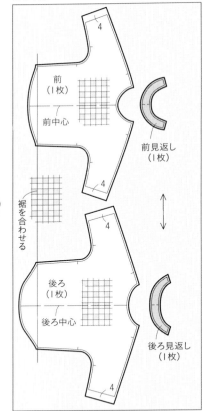

* 指定以外の縫い代は1cm
* ▨は裏に接着芯を貼る位置
* 前後身頃パターンは全面を用意し、前後中心と裾にチェック柄、またはストライプ柄を合わせて裁断

[作り方]

1 前後身頃の裾を三つ折りにしてアイロンで折りぐせをつける。

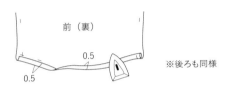

2 前身頃と後ろ身頃を中表に合わせて肩と脇を縫う。縫い代は2枚一緒にジグザグミシンで始末し、後ろ側に倒す。

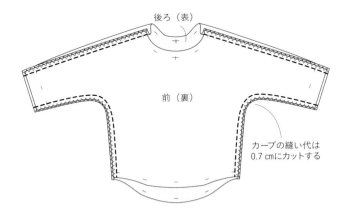

3 袖口を三つ折りにしてステッチで押さえる。

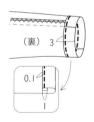

4 見返しの肩を縫い、縫い代を割る。
外まわりの縫い代を折る。

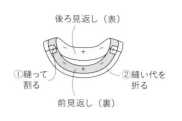

5 身頃と見返しを中表に合わせて衿ぐりを縫う。カーブに切り込みを入れて、表に返して整えてステッチで押さえる。

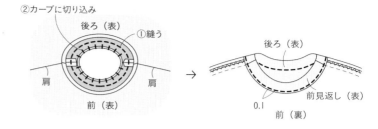

6 裾を三つ折りにして、ステッチで押さえる。

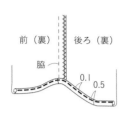

7 リバティプリントのふろしき + P.26
★ この作品は実物大型紙がないので(裁ち合わせ図)で示した寸法で直裁ちします。

+出来上がり寸法
106×106cm(ヨコ×タテ)

+材料
[表布]リバティプリント Audley(◎J17Aダークブルー地にダークオレンジ・ブラウン系)…110cm幅で115cm

[**裁ち合わせ図**]

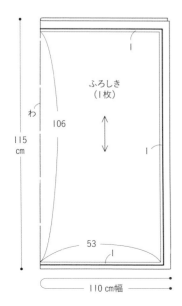

[**作り方**]
四方を三つ折りにして、ステッチで押さえる。

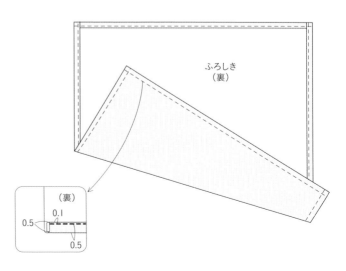

16 シルクのスリップドレス + P.44

★この作品は実物大型紙を使用して作ります。

使用する型紙（C面）

+出来上がり寸法
S…バスト85cm・ウエスト85cm・着丈74cm
M…バスト90cm・ウエスト90cm・着丈74.5cm
L…バスト95cm・ウエスト95cm・着丈75cm

+材料
[表布]シルクサテン　グレー／ベージュ／ピンク…110cm幅でSは180cm、Mは180cm、Lは180cm
シルクサテンのバイアステープ…0.6cm幅230cm
移動カン…内径0.6cm 2個
丸カン…内径0.6cm 2個

[裁ち合わせ図]

[作り方]

1 前後身頃の上端をバイアステープで縁どり始末する。

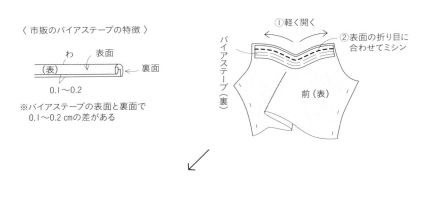

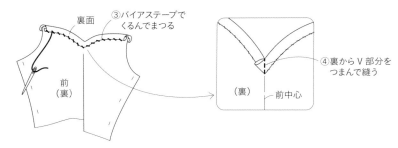

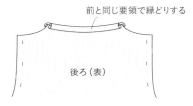

2 前身頃と後ろ身頃を合わせて脇を袋縫いにし、縫い代を後ろ側に倒す。

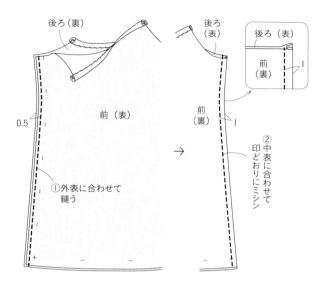

3 袖ぐりをバイアステープで縁どり始末する（**1**と同じ要領）。この時前後に肩ひも寸法をとり、続けて縫う。

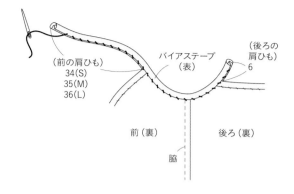

4 後ろの肩ひもに丸カンを通して縫い止める。

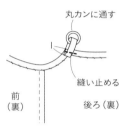

5 前の肩ひもに移動カン、丸カン、移動カンの順に通して裏側で縫い止める。

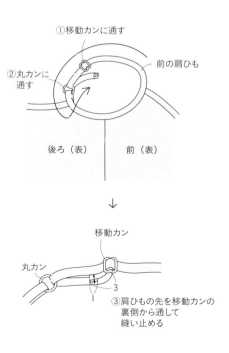

6 裾を三つ折りにしてステッチで押さえる。

19 エプロンワンピース + P.69

★この作品は実物大型紙を使用して作ります。

使用する型紙（C面）

+出来上がり寸法
100…バスト62cm・スカート丈40.5cm
110…バスト64cm・スカート丈43.5cm
120…バスト66cm・スカート丈46.5cm
130…バスト68cm・スカート丈50.5cm
140…バスト70cm・スカート丈54.5cm

+材料
[表布]C&S100そうコットンプリントkukka
　　　きいろ地に白…110cm幅（有効幅105cm）で
　　　100は120cm、110は130cm、120は150cm、
　　　130は160cm、140は180cm
接着芯…90×20cm
ボタン…直径0.9cm 2個

[裁ち合わせ図]

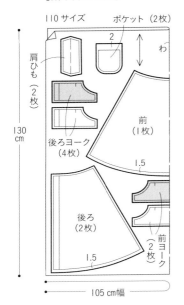

★ 指定以外の縫い代は1cm
★ ▨は裏に接着芯を貼る位置
　前後ヨークは表ヨークのみ貼る

[作り方]

1 ポケットを作り、前スカートのつけ位置にミシンで縫いつける。

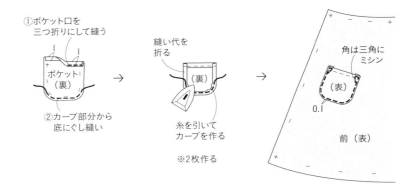

2 後ろスカートの端を三つ折りにしてステッチで押さえる。

3 前スカートと後ろスカートを中表に合わせて脇を縫う。縫い代は2枚一緒にジグザグミシンで始末し、後ろ側に倒す。

4 裾を三つ折りにしてステッチで押さえる。

※左後ろも同様に縫う

5 肩ひもを作る。

6 ヨークの脇を中表に合わせて縫い、縫い代を割る。次に肩ひもをつけ位置の縫い代に仮止めし、表ヨークと裏ヨークを中表に合わせて外まわりを縫う。

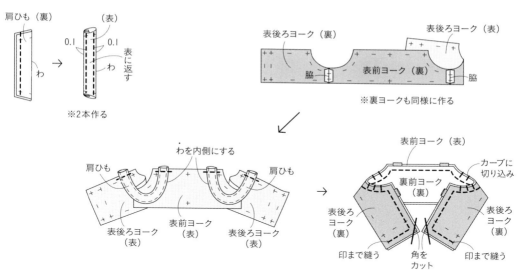

7 ヨークを表に返してアイロンで整える。

8 表ヨークとスカートを中表に合わせて縫う。縫い代に裏ヨークをかぶせてしつけをし、表からステッチで押さえる。

9 右後ろにボタンホールを作り、左後ろにボタンをつける。

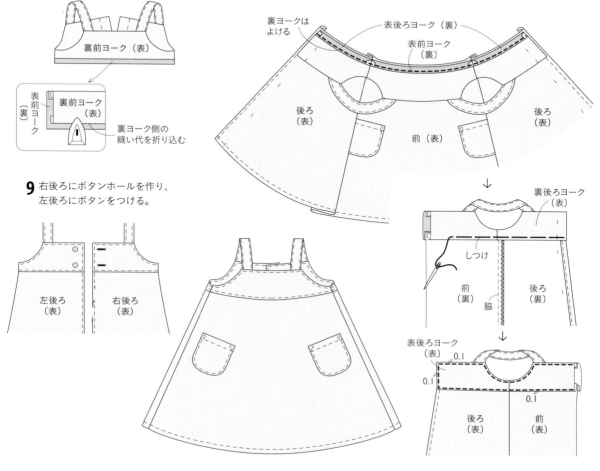

24 ラグランのミニパフワンピース + P.72

★ この作品は実物大型紙を使用して作ります。
　実物大型紙がないものは(裁ち合わせ図)で示した寸法で直裁ちします。

使用する型紙(D面)

+出来上がり寸法
100…バスト79cm・着丈59.5cm・ゆき丈18.5cm
110…バスト83cm・着丈64.5cm・ゆき丈19.5cm
120…バスト87cm・着丈69.5cm・ゆき丈21cm
130…バスト91cm・着丈75.5cm・ゆき丈22.5cm
140…バスト95cm・着丈81.5cm・ゆき丈24cm

+材料
[表布]リバティプリント Betsy Ann
　　　(◎J17Aブルー地にブルー系)…
　　　110cm幅で100は150cm、110は160cm、
　　　120は170cm、130は190cm、140は240cm
接着芯…60×20cm
ボタン…直径0.9cm 1個

[裁ち合わせ図]

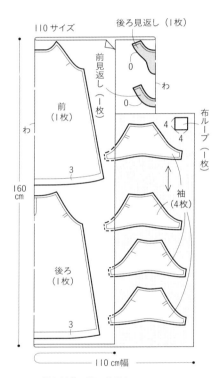

★ 指定以外の縫い代は1cm
★ □は裏に接着芯を貼る位置

[作り方]

1 前身頃と後ろ身頃を中表に合わせて脇を縫う。縫い代は2枚一緒にジグザグミシンで始末し、後ろ側に倒す。

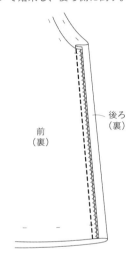

2 袖口の縫い代に粗い針目でギャザーミシンを2本かける。糸を引いて指定の寸法までギャザーを均等に寄せる。

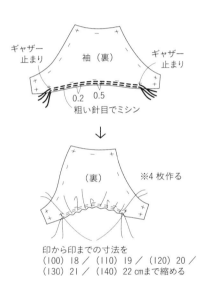

印から印までの寸法を
(100) 18 ／ (110) 19 ／ (120) 20 ／
(130) 21 ／ (140) 22 cmまで縮める

3 表袖と裏袖を中表に合わせて袖口を縫う。縫い代は裏袖側に倒してステッチで押さえる。次に袖下を中表に合わせて縫い、縫い代を割る。表に返して整え、表裏の袖がずれないよう仮止めする。

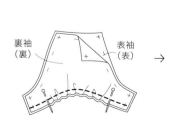
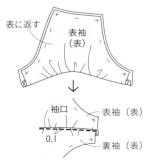
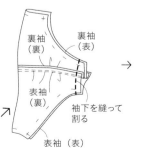
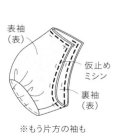

※もう片方の袖も同様に作る

4 身頃と袖を合わせて袖ぐりを縫う。縫い代は2枚一緒にジグザグミシンで始末し、身頃側に倒す。

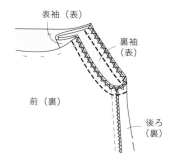

5 見返しの肩を縫い、縫い代を割る。外まわりにジグザグミシンをかける。

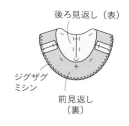

6 衿ぐりの縫い代に粗い針目でギャザーミシンを2本かける。

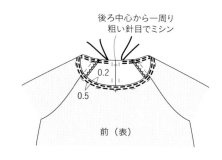

7 布ループを作り、右後ろに仮止めする。

8 衿ぐりのギャザーミシンの糸を引いてギャザーを均等に寄せ、見返しと縫い合わせる。縫い代に切り込みを入れ、表に返して整え、ステッチで押さえる。

9 裾を三つ折りにしてステッチで押さえる。

10 左後ろにボタンをつける。

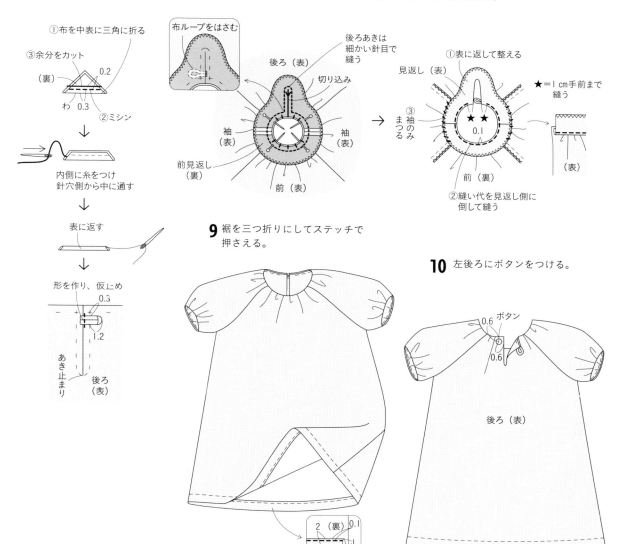

12 ミニバッグ + P.37

★ この作品は実物大型紙を使用して作ります。
持ち手は(裁ち合わせ図)で示した寸法で直裁ちします。

+ 出来上がり寸法
26×19×3cm(ヨコ×タテ×まち)

+ 材料
[表布] C&S100そうコットンドット
　　　　グレー地にベージュ…50×50cm
[別布] C&S海のブロード　ソイラテ…35×50cm

使用する型紙(B面)

[作り方]

1 持ち手を作り、袋布のつけ位置に仮止めする。

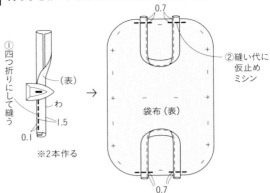

2 袋布と内袋をそれぞれ中表に合わせて底をたたみ、まちを作る。脇を縫い、内袋に返し口を作る。

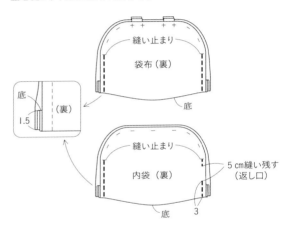

3 内袋を表に返し、袋布と中表に合わせて袋口を縫う。返し口から表に返して整え、返し口をまつる。

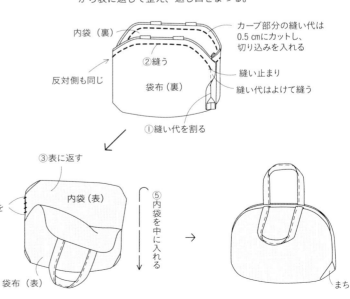

[裁ち合わせ図]

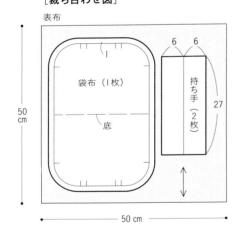

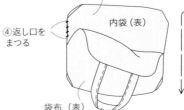

23 シューズバッグ + P.71

★この作品は実物大型紙がないので(裁ち合わせ図)で示した寸法で直裁ちします。

+出来上がり寸法
31×35cm(ヨコ×タテ)

+材料
[表布]C&S幅広リネン ホワイト…50×90cm
綾テープ ピンク…0.9cm幅80cmを2本
25番の刺しゅう糸 ピンク…適宜

実物大の刺しゅう図案

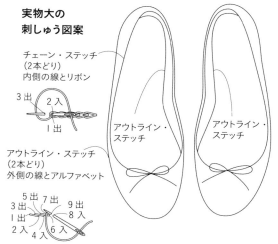

チェーン・ステッチ(2本どり)
内側の線とリボン

アウトライン・ステッチ

アウトライン・ステッチ(2本どり)
外側の線とアルファベット

BALETT

[裁ち合わせ図]

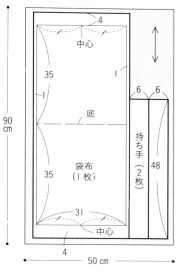

[作り方]

1 袋布の脇にジグザグミシンをかけ、刺しゅうをする。

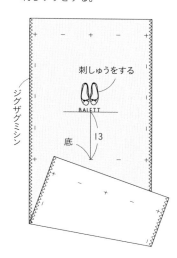

2 脇を中表に合わせて縫い、あきを作る。

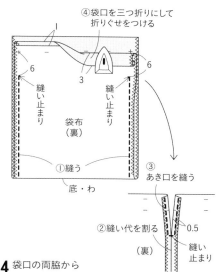

3 持ち手を作り、袋口にはさんで縫う。

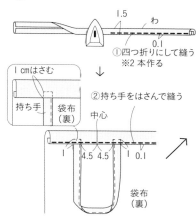

4 袋口の両脇からテープを通して結ぶ。

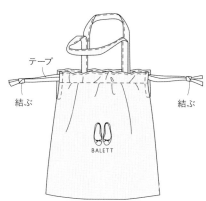

21 うさぎのリリ+スリーピングケース + P.70

使用する型紙（D面）

★ この作品は一部実物大型紙を使用して作ります。
実物大型紙がないものは（裁ち合わせ図）で示した寸法で直裁ちします。

+出来上がり寸法
リリの身長…約28.5cm
スリーピングケース…44×34cm（開いた状態のヨコ×タテ）

+うさぎのリリの材料
[表布] C&Sカラーリネン　アンティークホワイト…
　　　60×40cm
[別布] C&Sカラーリネン　グレイッシュピンク…
　　　20×20cm
ポンポン（しっぽ用）…直径1.5cm 1個
わた…適宜
25番の刺しゅう糸　ダークグレー…少々

+スリーピングケースの材料
[表布] リバティプリント　Theo B（パステル系）…
　　　110cm幅×45cm
[別布] C&Sカラーリネン　ストロベリークリーム…
　　　105cm幅×40cm
キルト芯…90×50cm
接着芯…45×45cm
面テープ…2.5cm幅を15cm
サテンリボン…0.9cm幅37cmを2本
ボタン…直径1.8cm 1個
スナップボタン…直径1.4cm 1組

[裁ち合わせ図]

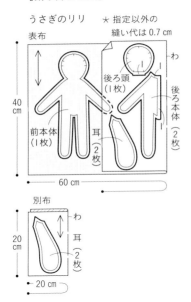

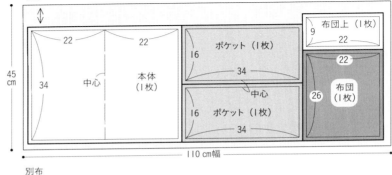

★縫い代は1cm　★ ▨ はキルト芯の大きさ
★ ▧ は裏に接着芯を貼る位置

[作り方] うさぎのリリ

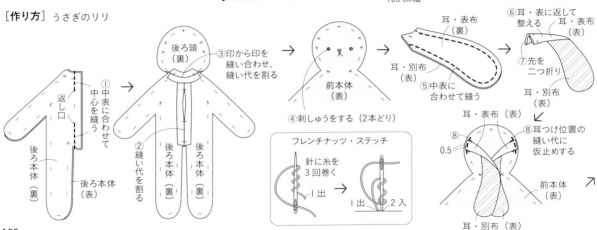

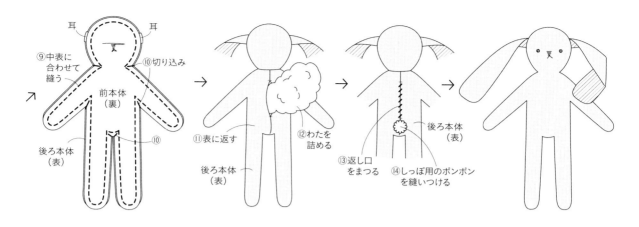

[作り方] スリーピングケース

〈枕〉

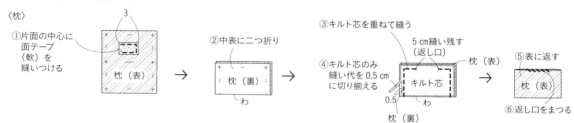

〈布団〉

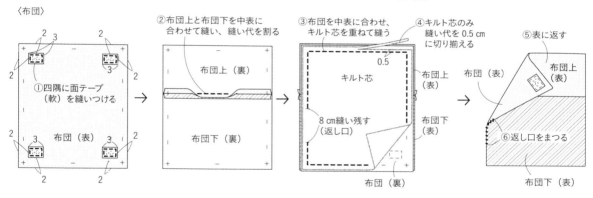

〈本体〉

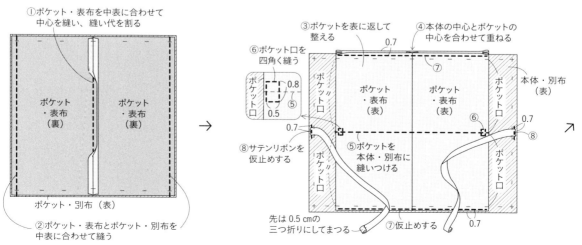

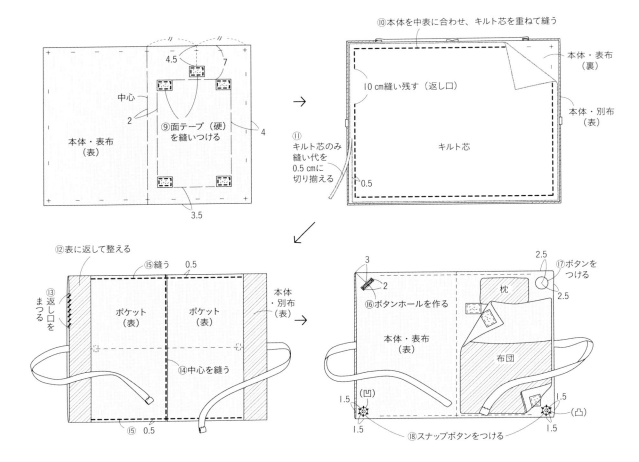

22 リリのぼうしとマント＋キャミソールワンピース＋ワンピース ✚ P.71

★この作品は一部実物大型紙を使用して作ります。
実物大型紙がないものは〔裁ち合わせ図〕で示した寸法で直裁ちします。

＋出来上がり寸法
ぼうしの長さ…8cm　マントの着丈…7.5cm
キャミソールワンピースの着丈…15cm
ワンピースの着丈…15cm

＋ぼうしとマントの材料
[表布]C&Sぽこぽこウールニット　オフホワイト…60×20cm
[別布]ナチュラルコットンダブルガーゼ　ホワイト…60×20cm
スナップボタン…直径0.7cm 1組

＋キャミソールワンピースの材料
[表布]C&Sドットミニヨン　白に白…50×20cm
リボン…0.6cm幅48cm

＋ワンピースの材料
[表布]C&S水玉の綿麻　白にスモークブルー…60×20cm
ニットテープ…2cm幅40cm
スナップボタン…直径0.7cm 1組

使用する型紙（D面）

[裁ち合わせ図]

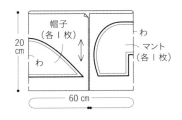

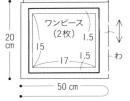

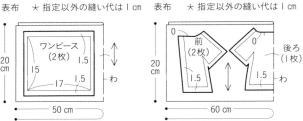

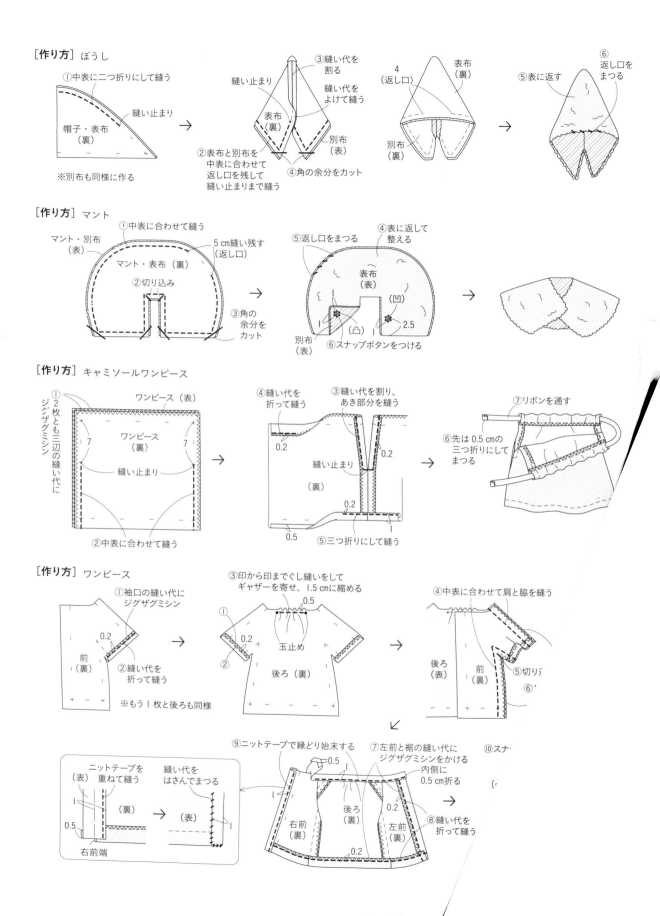

著者　在田佳代子
CHECK&STRIPE主宰。
兵庫県生まれ。
1992年より布の販売を開始。
1999年にonline shopを立ち上げ、
2006年に神戸にCHECK&STRIPEの直営店、
その後自由が丘、芦屋、吉祥寺、鎌倉に店を構える。シンプルで上質な布を日本で作ることにこだわっている。

モデル　木田真理子
ダンサー。
1983年大阪府生まれ。
4歳からクラシックバレエをはじめ、2000年にローザンヌ国際バレエコンクールで入賞。
アメリカ留学後、カナダやスウェーデンのバレエ団などで活躍。
2014年にバレエ界のアカデミー賞と言われる「ブノワ賞」「レオニードマシーン賞」を受賞。
現在ゲストダンサー、ゲスト講師として世界で活躍。
http://marikokida.com/

ブックデザイン	若山嘉代子 L'espace
撮影	明知直子(ストックホルム)
	草間大輔[impress˙](物)
スタイリング	伊藤まさこ
子供モデル	草場美波　シルヴァルト大和
ヘア＆メイク	sumi
作り方解説	網田ようこ
作り方トレース	しかのるーむ
パターン	中村有里　CHECK&STRIPE
パターングレーディング	中村有里
ストックホルム撮影コーディネート	おさだゆかり
編集	岸山沙代子
CHECK&STRIPE＝「北欧てづくり散歩」チーム	田中文子　辻岡雅樹
	三浦千穂　柴田奈津子

り品以外はすべてスタイリストやスタッフの私物です。

北欧てづくり散歩